勝の流儀

99

強く正直に生きるための99の教え

俺が勝社長
野元勝徳

SOGO HOREI PUBLISHING CO., LTD

はじめに

本書を手に取ってくれたあなたにまず伝えたい。

ありがとう。

この本を読み、一人でも多くの方の人生が前向きに変わればうれしい。

特に20代の若者に向けて語りかけたい。きっと今抱えている悩みやストレスなんて小さなことだなって思えるはず……。

そこで、インスタグラムで発信している『勝の戯言』を基盤に、この本を書くことに決めた。

まずはじめに俺の自己紹介をしたいと思う。

俺は誰にも負けないくらい貧乏な家庭で育ち、幼稚園は登園拒否、小・中学校もロクに通わず、最後にした勉強は割り算。
高校は野球推薦で入学したが、2日で退学した。

その後、職人、芸能、水商売など、さまざまな仕事をしてきた。しかし、人に使われることや命令されることがとにかく苦手な俺は、芸能界デビューも目前で断り、独立することに決めた。

何も知識が無い。
俺の独立後は残酷な生活だった……。
幾度となく裏切られ、はめられ、すべてを失い、死を考えた時期もあった。
見た目で判断され、会ったこともない人たちに嫌われ、陰口を叩かれ続けてきた。

学歴も、知識も何も無く、実戦と経験だけで成り上がってきた。

だからこそ、今は自信しかないし、俺に文句を言う人達もいなくなった。

そんな俺でもできた……。

だからきっと、この本を読んでくれているみんなにもできるはず。

今はまだ、ほんの少しの勇気が足りていないだけ。

俺が勝社長　野元勝徳

はじめに
004 - 005

CONTENTS

CHAPTER 1 人生 ——みんなと同じが嫌だった10代

CHAPTER

2

挑戦

――絶望の淵に立たされた20代

CHAPTER

3

仕事

――「失敗の経験」と「気合」で乗り越えろ

CHAPTER

4

恋愛

——大切な人は全力で愛せ

CHAPTER

5

意志

——20代は無我夢中で生きたモン勝ち

CHAPTER 1

人生

—みんなと同じが嫌だった10代

選択肢は自分で作る

テメーの道はテメーで切り拓け

俺が生まれた家は周りと比べて貧乏だった。近所の家はちゃんとしているのに、俺の家はまるでプレハブ小屋。風呂にシャワーはなく、浴槽からお湯をすくって髪や体を洗っていた。その上、両親は罵《のの》り合いのケンカが絶えず、その横で妹と弟が泣いている——そんな家庭で育った。ケンカの原因は分からなかったが、子どもだった俺にとって家は安心できる場所ではなかった。

ケンカしている父と母に、「お前はお父さんとお母さんのどっちに付くんだ？」と聞かれた。その時、俺はまだ小学3年生。だけど、自分のことは自分で決めたかった。だからこう答えてやった。

「どっちにも付かねぇよ」

もう家には帰りたくない。ばあちゃん子だった俺は、その日を境にばあちゃんの家に住むことにした。つまり、小学3年生で家出をしたのだ。

たとえ二者択一を迫られたとしても、そのどちらかに決める必要なんてない。第三の選択肢を自分で作ればいい。

考えるな、経験がないならまずは行動しろ

やってみなきゃ分からない
やって考え、やって考え
その努力が人を育てる

小学3年生のときにした俺の選択は間違っていなかったと今でも思う。

ところが、同時期に、家庭だけでなく学校でも問題が発生した。そこそこ頭が良くて、それなりにモテていた俺は、そのことが原因でいじめられるようになったのだ。同級生2、3人にトイレに連行されてカッターで刺され、「勉強すんな」と脅される。刺されるのは嫌だったから、教科書は見なくなり、学校にも行かなくなった。中学に入っても勉強はしなかったから、最後に勉強したのは小学3年生。ギリギリ割り算はできる、というのが俺の学力の限界だ。

だが、勉強ができなくてよかったと思うこともある。周りを見ていると、知識があることで考えすぎてしまい、行動に移すまでに時間のかかる人が多いと思う。おそらく失敗を恐れすぎているのだろうが、俺は知識がないので上手くいくかどうかなんて計算できない。とりあえず、**すぐ行動して、自分の体感で「良い」か「悪い」かを判断する**。俺にはチャレンジ精神しかない。

ちなみに、5年生でクラスが変わったのをきっかけに自分の仲間を作って、いじめっ子たちにはしっかりと仕返ししたよ。

本気になった人は強い

強さとは腕力でもなく、権力でもない
覚悟を決めたときの人の心
大切な人を守る覚悟も持て
その「覚悟」が人を強くするよ

小学校でいじめられ、傷だらけで帰ってきた俺を見て、ばあちゃんは相当怒っていたのだろう。その日以来、校門で金属バットを持って仁王立ちするようになった。いじめっ子に対して何をするでもなく、ただ威圧するだけ。それだけでも十分な抑止力にはなっていたと思う。俺を全力で守ろうとしてくれる人がいる。そう思うだけで本当にうれしかったし、心強かった。

俺はホラー映画『13日の金曜日』に出てくる殺人鬼のジェイソンが怖い。それでも、大切な人が襲われていたら、どんなに強い相手でも必死で戦う。

本当に危ないときは逃げた方がいい。だけど逃げ場がないのなら、自分が前に出て大切な人を守るしかない。お化けより怖いのは人の心だとはよく言ったもので、覚悟を決めると火事場の馬鹿力でどんな相手にも負けないくらいの力を出すことができると本気で思っている。

必要なのは筋力でも腕力でもなくて、偉い人の権力でもない。**「守る」と覚悟を持ってやり切る決心。**そうすれば、誰でも人知を超えた力を出すことができるはず。

実力があっても日ごろの行いで認めてもらえないこともある

頑張るのは当たり前
実力があっても
人として認められないと評価されない
仕事も遊びも一緒だよね

俺の親父は大の野球好き。「野球をやれ」と言われ、小学2年生のときから無理やりやらされていた。俺はバスケとサッカーがやりたかったのに、「野球以外は認めない」と殴られた。でも、中学校では自ら野球部に入ったから、俺はなんだかんだ言っても野球が好きだったのだと思う。ピッチャーとして小学校でも中学校でも何度も新聞に載り、何の試合だったか忘れたが、ベスト4に入ったこともある。中学生は球速100～110キロが平均のところ、俺は140キロぐらいの球を投げていたので、他との差は明らかだった。

相変わらず中学校もロクに行かず、試験では全教科合計10点くらい。体育だけは参加していたから、体育の成績は「5」。他は全部「1」。当然のように赤点を繰り返していた（追試の勉強もしなかった）から、野球部の顧問からは認めてもらえない。野球の実力はずば抜けているのに、「お前は練習に来ないから試合には出さん」と言われていた。俺が出れば勝てるのに、と思っていた。

結局、チームが負けそうになると試合に出してもらえていたから、ある程度の出番はあった。だけど今、もし俺が野球部の顧問だったとしたら、やっぱり頑張っている子を試合に出してあげたいと思うのかもしれない。

教育者とは「教えて育てる者」と書く
時代の流れや個々の特性を見て伸ばすことができる人が
素晴らしい教育者だと思う
上に立つ人間は気が付く力や動かす力が必要だ

結局高校には、野球の推薦で行くことになった。高校には行きたくないと思っていたが、甲子園で優勝してジャイアンツに入ればいいやと思っていたので、いくつかスカウトが来た中で一番近い高校に決めた。

ところが、高校の野球部はボールを持つ前に辞めることになる。

部員が100名以上在籍している野球の名門校で、生き残れるか試すために、わざと厳しい筋トレが新入部員に課された。真面目に筋トレを続ける奴は全員、腕が「気を付け」の姿勢で体にまっすぐつかなくなるほど太くなっていた。

俺は中学生の時点で高校生よりも球が速い自信があり、最初から「ボールを持たせろ」と主張したが、先輩には「球がそんなに速いわけないだろ」と返され、話も聞いてもらえない。まともに練習をしてこなかった俺は、部活を一日やっただけで体が動かなくなってしまった。座ることすらままならず、肘も膝も曲げられない。病院では医師に「そんな部活辞めろ」と言われるし、ボールも持たせてもらえない。**俺は部活を一日で辞めることに決めた。**ここは俺が身を置きたい場所ではないと思った。

今考えると、あんなアホな練習をせず部員の個性を生かした練習方法があったはずだと思うが、それが方針だったから仕方ない。

自分が思っている道が正しいとは限らない

自分が得意とするものを
とにかく極めに極め
そんな得意とするものを
仕事にすると成功しやすい

極めているからこそ
成功する道も見えやすい

翌日、自分の心の声に従い、退部の意思を学校に伝えた。

両親や周りの期待には応えられなかったし、学校とはめちゃくちゃ揉めたが、野球を辞めるなら学校に通う意味などないと思っていたから、俺は高校をわずか2日で退学した。家に帰ってきてすぐに、真新しい学ランと教科書をすべて燃やした。


もともと野球の練習をロクにしていなくてもピッチャーとしてスポーツ推薦されるくらいの実力はあったし、将来は絶対にプロ野球選手になれると思っていた。

あのまま野球を続けていたら、プロ野球選手になるという道もあったかもしれない。それも夢のような話だが、期待通りに投げられなければ批判され、身体を壊したら終わり、というようなスポーツ選手より、自分でいろいろと考えて好きに動くことができる社長業で稼ぐ方が性に合っている。夢だったプロ野球選手になれなくてよかったと心から思う。

ただ、野球はやっていてよかった。ピッチャーとして試合を支配する経験は、ビジネスをする上でとてもいい経験になっている。

学ぼうという姿勢が周りとの差を生む

子どものころに勉強するのは当たり前
大人になってからはもっともっと勉強しろ
経験という勉強は必ず周りとの差を作る

子どものころは義務教育で当たり前に勉強しているけれど、学校を卒業したら勉強も同時に卒業というわけではない。死ぬまで勉強してこそ人間だ。

なんとなく敷かれたレールに乗って、言われたことだけをやっている人は世の中にたくさんいるように思う。しかし、自分から勉強しようと思っていなかったら、仕事のできない人になってしまうし、人を育てる能力も身に付かない。

周りと差を付けている人は、勉強しようというハングリー精神が強くて、失敗からも学ぼうとしているものだ。

もし、「勉強したいことがない」と思っているなら、身近なことに興味を持ってみるだけでもいい。例えば、新しい食べ物が気になったらとりあえず食べてみる。食べなかったら一生味を知らないままだが、一度でも食べたことがあれば、まだ食べたことがない人に教えてあげることもできる。

勉強とは座学だけではない。経験や挑戦も勉強のうち。俺は学生のときに全然勉強してこなかったけど、大人になってからは実践の中で経験という勉強を続けている。

学校の成績と人生の成績は違う

すごい人とは多くのことを知っているのではなく
大事なことを知るものだと思う
大事な人のために学べ

いい大学を卒業している人が全員成功しているわけではない。**学歴は関係なく、人生は人それぞれ**。仕事は成功していても、私生活は上手くいっていなかったり、友達がいなかったり、100%幸せだと胸を張って言える人は、そうそういないのかもしれない。

ただ、知識があることは大切なことだと思う。特に子どもには親がお手本になってあげないといけないので、大事な人と生きていくために必要な事柄はしっかり学ぶべきだ。子どもに必要なのは、いい学校よりもいい先生。知名度ではなく、いい先生に出会える学校が一番いい学校だと思う。

社会人になって思うことは、使う機会の少ない数学の方程式を知っている人よりも、人に対する思いやりや人を助ける力を持っている人の方がよほどすごいということ。例えば「俺、○○大学出てるから」と何もしない人よりも、学歴なんかなくても、弱い人に手を差し伸べられる人の方が、100倍すごいと思う。

したがって、**学校の成績と人生の成績はイコールではない**。学歴だろうが人のよさだろうが、自分の持っている才能をすべて生かすことができたら最高だ。

世間体よりも周りの幸せに目を向ける

たくさんの資格やお金を持っている人より
たくさんの人を笑顔にできたり
一度口にした言葉や弱い人を守れたりする人の方が
100倍スゲー

高学歴の人や、資格をたくさん持っていて稼いでいる人はもちろんすごいと思う。ただ、もしあなたがいい大学を出ていなくても、履歴書に書けるような資格が一つもなくても、何も気にすることなんてない。なぜなら、勉強なら今からでも遅くないし、稼ごうと思えば**努力次第でどうにでもなる**からだ。

そんなことよりも今、

あなたの周りの人は幸せそうだろうか？

あなたは周りの人を笑顔にしてあげられているだろうか？

一度口にした言葉を曲げずにやりきっているだろうか？

弱者に手を差し伸べられるような生き方ができているだろうか？

お金や世間体のために、これらのことがなおざりにしていたり、周りの人を見下して生きていたりするようだったら、いくらお金持ちでも、資格を１００個持っていたとしても、人としてよくないとハッキリ言うことができる。**人間は物理的な豊かさだけではなくて、精神的な豊かさも兼ね備えていないといけない**。

一人の人間として、他の人を助ける、守る、幸せにする。そんな気持ちや覚悟がある人の方が、１００倍カッコいいし、豊かな人生を送ることができるはずだ。

未来は自分で切り開け

時間を作る　約束を作る　未来を作る
誰かに作ってもらうものじゃない
結果はすべて自分が作るもの
過去の作り方で未来の自分が造られていく

俺は、そもそも幼稚園のときから登園拒否していたし、小・中学校もまともに通わず、高校も退学しているから、普通の人とは違う学生生活だったかもしれない。

だけど、今の自分を作っているのは過去の自分自身だし、この先どういった未来を作り、どのような人生を送るのかもすべて自分の責任だ。今の自分次第で未来はいかようにも変わるが、自分の未来を誰かに委ねてしまったら、それは自分の経験にはならず自分の身にはならない。少なくとも俺は、小学校を登校拒否したときも、家出したときも、高校を2日で辞めたときも、自分の人生の決断は自分でしてきた。

どんなものを食べるかで将来の体が変わり、どんな経験をするかで手相も人相も変わる。未来を良くするためには、何を選ぶのが最善で最短距離なのか、**自らの意志で、今できる一番良い選択をし続ける**しかない。

良い未来のために、大きい目標を立て、やり抜くことを自分自身と約束し、実現させるための時間を作る。有言実行という言葉があるように、自分との約束すら守れない人間は、人との約束も絶対守れない。

動かなければ景色は何も変わらない

勉強して馬鹿になる奴なんていないし
努力して後悔する奴もいない
挑戦して変わる奴はいるけど
何もしないで変われる奴なんて存在しない

勉強しないで馬鹿な人はいるが、勉強をして馬鹿になる人なんていない。それと同じように、努力して「あんな努力しなければよかった」なんて思う人もいない。

例えば、どうしても行きたい学校があって、受験勉強を頑張ったとする。寝ずに勉強したにもかかわらず、実力が足りなくて合格できなかった。そこで、「合格しないのなら、勉強なんかせずに遊んでいればよかった」と思う人もいるかもしれない。しかし一方で、行きたい学校には入れなかったとしても、たまたま縁があって入った学校で成績トップになり、偏差値の高い学校に推薦で行けることもあるかもしれないし、生涯付き合える良い友達に出会えるかもしれない。たとえ**目的が達成できなかったとしても、自分の実力は確実に上がっている。**

だから、挑戦して少しでもプラスになるのなら儲《もう》けもの。挑戦もせず、何もしない人生では、本当に何も変わらない。ただ待っているだけでは、何の実りもない人生になってしまう。成功している人を見て、指をくわえながら「いいなー」と言っているだけで終わっている人生を打開しろ。

マイナススタートだからこそ大きく飛躍できる

苦労は買ってでもしろ
そして初心を忘れずに
常に労力を惜しまないこと

ばあちゃんの家には、結局18歳まで世話になった。2畳半ほどの広さしかない物置みたいなところが自分の部屋。家賃は８０００円くらい（推定）で、壁に穴も開いていたし、ぼっとん便所だし、ナメクジとテントウムシが家の中を歩いているような家だった。

物心ついたとき、実家もばあちゃんの家も貧乏なのだと気が付いた瞬間があった。当時はどうしてこんな家に生まれたんだろうと思っていたが、今は**本気で貧乏でよかったなと思っている**。

なぜなら、その分努力しようとするからだ。俺の幼いころと同じような思いを自分の子どもにはさせたくない。そう思うとすごく強くなれて、しっかりと稼いでやろうという気持ちになることができた。貧乏な家に生まれても、努力をすれば社長にもなれるし稼ぐことができる、そんな夢のような話を実現することができたのだ。

逆にお金持ちの家に生まれて、裕福が故に何の努力もせず、実力も信用もない人生より、死ぬ気で頑張ってきたおかげで良い仲間に恵まれている、今の俺の人生を送ることができて本当に幸せだ。

あえて困難に立ち向かうことで成長できる

壁にぶつかったとき、ピンチに立たされたとき
そんなときこそ人は一番成長する
トラブルやピンチから決して目をそらすな
成長したいなら大変なことから向き合うこと

「ピンチはチャンス」と言うが、**壁にぶつかったときこそ成長するチャンスだ**ということを身をもって体験してきた。だから、トラブルやピンチから決して目をそらしてはいけない。

壁にぶつかったときはどうしても逃げ腰になってしまい、壁に立ち向かうことを後回しにしがちだ。しかしその壁を乗り越えた経験が、自分のレベルアップにつながる。誰にとってもトラブルやピンチに向き合い、闘うことは、つらく苦しいこと。それでも、「大きく変わる」と書いて大変というように、大変なことと向き合うことは経験を倍速で加速させる力があるのだ。

俺は、「苦労は買ってでもしろ」という言葉が好きだ。トラブルを1万回解決した人と1回しか解決していない人では、交渉術も違うし、解決する能力も違う。それと同様に、難しいことや大変なこと、苦労を伴うことにたくさん取り組んでいくことで、困難を困難だと感じなくなり、すべてが簡単だと思うようになってくる。

「難しい」と感じているうちはまだ経験値が足りない状態。つまり自分のレベル（能力）が低いということだ。それならばなおさら、あらゆるピンチと向き合うべきなのではないだろうか。

努力すれば必ず成功するわけじゃない
でも努力をすれば必ず成長する

「どうすれば成功できますか？」と聞かれることがある。

口でできることならば、みんな成功できて苦労しない。しかし残念ながら、努力すれば必ず成功するというわけでもない。なぜなら、俺たちは一人ひとりが違いすぎるから。同じ方法と戦略を取ったとしても、行動も違えば説得力も違う。もっと言えば、人脈も見た目も、頭の良さや信用度も全然違う。誰もが勉強していて、努力もしている。それでも成功しない人というのは一定数存在するのが現実だ。

受験がいい例で、勉強したら全員が試験に受かるというわけではない。だが、合格するために誰もが頑張っているのだ。

勉強をする努力、仕事を頑張る努力、女の子を口説く努力……。どんな種類の努力に関しても言えることだが、たとえ目標を達成できなかったとしても、努力した分の点数は確実に上がっていく。

例えば、合格点が90点だとする。努力を続けることで、10点、20点、30点と上がっていき、70点も取れるようになった。そこで努力をやめたとしても、その人には70点分の努力の経験が身に付いている。そのうち、自己流の努力の方法が分かるようになり、90点に近づく日が必ずやってくる。

周りから信頼を得るためには何が必要ですか？

有言実行。

言葉に責任を持つこと。
どんな壁にぶつかっても心を強く持ち、
逃げずに闘うこと。
人に優しくまっすぐな「思いやり」を持つこと。

CHAPTER

2

挑戦

——絶望の淵に立たされた20代

やりたくないことを仕事にするな
きっと続かない
仕事は好きな人と一緒だよ

高校を辞めてすぐ、親の知人の大工を紹介してもらい、とりあえずそこで働くことにした。大工の仕事は楽しかった。若かったこともあり世の中は「力」がすべてだと思っていた俺は、仕事をきっかけに野球部のときにはやらなかった筋トレを始め、腕が太もものように太くなるほど体を鍛えた。

しかし、働き始めて1年半ほど経ったころ、親方と揉めてトラックを蹴り割り、クビになってしまった。

その時、俺は気が付いた。人に使われるのが、とにかく苦手だということに。命令されて、あれやこれやとやらされることが気に食わない。考えてみれば、「人から指図されたくない」という性分は、幼稚園を登園拒否したときから変わっていないのだ。それが原因で仕事が続かないなら、自分が人を使う立場になるしかないと思った。

人にはそれぞれ性分がある。本当の自分を知ってあげられるのは自分だけ。自分が何を求めているのか常に自分に問いかけてみると、やりたいことがきっと見えてくる。

今のつらさがずっと続くわけではない

生まれたときから人は歩けない
出会ったその日から信用されない
最初はみんな何もないところからのスタート
君の行動と結果で評価と対価、信用は得られる

大工を辞め、「カッコいい」という理由だけでバーテンダーになりたいと思い、「バーカウンタースタッフ募集」と書かれていた求人に応募した。面接に行ってみると、やたらとキレイな女の人がたくさんいる。ニッカポッカ・金髪・ロン毛だったにもかかわらず、社員として採用されることになった。そこはキャバクラだった。

バーテンダーの仕事ができると思っていたのに、結局一度もバーテンダーとして働いたことはない。それでもしばらくはここで頑張ろうと思い一生懸命働き、半年でマネージャーになり、入社後わずか10カ月で店長になった。19歳で〝スピード出世〟したのだ。

前から働いていた人からは、「なんだコイツ」と思われていたと思う。能力も実力も追い付いておらず、信頼・信用関係がない中で働いていたので、周りからも認められていないと感じていた。努力を実力として認めてもらえない経験によって、精神面がだいぶ強くなり、力が付いた。

これから店長などの役職に就く人は誰もが同じような思いをするはずだ。だから、これを伝えたい。「**一生周りから認めてもらえないわけではない。いつか能力が追い付いたとき、周りも認めてくれる**」と。

人と違うことをしないと埋もれてしまう

出る杭は打たれる
出すぎた杭は称えられる
普通になるな
いい結果・評価がほしければ
普通の人〝以上〟になれ

初めて働いたキャバクラで、たった10カ月で店長になることができたのは、女の子のスカウト数を認めてもらえたからだ。どうやったら出世できるのか聞いたら、「女の子いっぱい入れることだよ」と言われたので、スカウトに力を入れたのだ。

女の子に声をかけ、キャバクラで働いてもらう。最初は「いかに相手に話を聞いてもらうか」というところに重きを置いていた。ナンパでもスカウトでも、みんな同じように「キレイな方だと思って……」「すみません、キャバクラです」と声をかけているのではないか。そんなんじゃ、声をかけられ慣れている女の子は振り向いてくれず、必ず無視して立ち去ってしまう。そこで、普通とは違う方法で話を聞いてもらう方法を考えた。「友達だっけ?」と思わせるように声をかけたり、「これ落としましたよ」などと声をかけたりしたら、必ず一度は立ち止まってくれるようになった。

とにかく、周りと違うことをする工夫をしなくてはならない。その方が目立ち、印象に残る。合コンでも、一人だけ違うタイプの人がいたら目立ってちょっと気になってしまうように、**どんな場面でも、「自分を売る」という感覚が大切。**

自分の色を出さないと、他の人との差別化ができず埋もれてしまう。逆に、自分を出し切ることができれば、何事も上手くいくのではないだろうか。

最低を知っているからこそ最高を知ることができる

決して折れない心を持て
やると決めたことは必ずやるだけ
自分に起こる問題はすべて解決できる
「諦めたら人生終わり」と思ってやりきること

キャバクラで店長になった俺は、入社してから2年で独立することになった。スナックを経営していた母親が病気になり、店をたたむと言うので、俺が店を継ぐことにしたのだ。

ところが、紹介されて雇った従業員が外で喫煙・飲酒中に、警察から事情聴取されることになった。雇い主だった俺は突然逮捕。20日間拘留され、取り調べを受けた。彼らは未成年で、ニセの免許証を作り年齢を偽っていたことを、その時に知った。

さらに拘留期間中、一番信用していた店の二番手に、お店にあったすべてのお金を盗まれた。後に聞いた話だが、奴は覚せい剤中毒で、薬を手に入れるためにお金が必要だったらしい。巧みな話術で人をだまし、俺からすべてを奪ったのだ。年齢を偽っていた従業員も、結局は二番手の差し金だった。俺ははめられたのだ。

裏切り、そして逮捕。何を信じたらいいか分からなくなったので、絶望し誰も信用しないで生きていこうと決めた。だけど、その後に巡り会う人に恵まれ、結局また人を信じることができるようになった。裏切られた過去があったからこそ、今の仲間が最高だと感じられるようになったのだと思う。

魅力的な人になって、他者を魅了しよう

責任感がなく
人のせいにする奴は一生成長しない
裏切られた、浮気された、人が付いてこない……
誰のせいでもない　すべて魅力が足りない君の責任
裏切られないくらい　魅力的な人間になること

逮捕や裏切りと同時期に、かわいがっていた後輩と彼女に浮気もされた。人生で同時多発的に逮捕され、裏切られ、浮気される、こんな奴は他にいないだろう。

人が付いてこない。そんな時、「俺の周りにはロクな奴がいない」と感じる人は多いかもしれない。だけど、裏切られる、浮気される、人が付いてこない理由は、間違いなく自分にある。**自分の魅力が足りないから相手に裏切られている**のだ、ということに気が付かなくてはならない。

裏切る人間は、その人と一緒にいるメリットを感じることができないから去っていくもの。だから、去られたことを他人のせいにして愚痴を言っている時間があったら、自分の魅力を上げるための時間に使った方がよほど身のためだ。

魅力というのは、人間力だ。仕草や立ち居振る舞い、言葉遣いが丁寧だとか、そんな簡単なことでいい。他にも、髪型や着こなし、歩き方を整えるなど、できることからやればいい。外見だけではなく、人への接し方、話を聞く姿勢を直す、どれだけ相手に親身になれるか、そこを変えるだけでも見た目も心も別人のように魅力的に変わる。

ダメな奴からも学べ

人にされて嫌だったことに感謝しなさい
気付かせてくれてありがとう
嫌だったことを書き出し
さらにその反対語も書き出してみてほしい
その書き出した反対語を行動に移してごらん
きっとあなたは魅力的な人になるよ

裏切られたら、「仕返ししてやろう」と思うのが人間の性《さが》。だが、嫌な人は反面教師。決してマネはせず、**「人の振り見て我が振り直す、この上ないチャンスがやってきた！」と思って、心を落ち着けろ。**

そのためには、自分は何をされたら嫌なのかを知ることが必要。まず、人にされて嫌だった出来事を10個紙に書く。そして、その反対語を隣に書く。そうするとその反対語の羅列は、自分が目指したい人、もしくは尊敬する人を表現する言葉になる。

例えば、浮気されて嫌だったならば、自分は絶対にしない。ネチネチ怒られて嫌だったならば、自分が怒るときはパッと言いたいことを言って、「はい、じゃあこの話のもう終わりね」と、さっぱり終わるようにする、という感じだ。

他人にされて嫌だと思ったことを、別の人にそのままするのはただのダメな人。自分が嫌だと感じることとは、経験して初めて「嫌だな」と気が付くことができる。つまり、人からされないと気が付くことができなかった感情なのだ。

嫌なことをしてくる人は、わざわざ自ら嫌われ役になってくれている。その人を美化しすぎかもしれないけど、「気付かせてくれてありがとう。でもお前むかつく」と思っておけばいい。

善い行いを心がけよう

一つ善いことをすると二つ善いことが返ってくる
一つ悪いことをすれば二つ悪いことが返ってくる
それならば、 善いこと続けた方が絶対いいよね

人を裏切るような人間は同じような目に必ず遭う、というのがこの世の仕組みだと思っている。逆に、善いことをした人間には、善いことが返ってくる。**世の中は因果応報**なのだ。

自分では他者の目線を意識していなくても、あなたの行いを受けた相手だけでなく、相手の周りにいる人もその振る舞いを見ているもの。その評価はあっという間に広まっていく。

しかも、その報いは倍々ゲームで増えていく。一つ、二つ、三つ……と行動を重ねていくことによって、さまざまな形でその行動と同じ性質のものが倍になって返ってくるのである。善いことならばいくつ返ってきても幸せだが、悪いことが次々に襲いかかってくるなんて、想像するだけでも恐ろしい。

それならば、悪い行いをするよりも、善い行いを続けた方がいいに決まっている。目の前の相手は自分の鏡。自分のした善い行いに対する評価が返ってきている、と思えば態度も気持ちも良い方向に向かうしかないのではないか。

裏切り事件で逮捕され新聞にも載ってしまった上に、従業員も俺を信用してくれずに去っていったので、区切りをつけるためにも一度店をたたむことに決めた。

約束を守れない奴は信じるな
風邪のようにダメな癖がうつるよ

そんな時、知人の車屋（自動車販売店）の社長が「キャバクラを経営したいから、オーナーとして手伝ってくれないか」と声をかけてくれた。そして、お店を出すまでの間、車の営業に携わることになった。

車の営業なんて一つも知識がなかったが、1カ月目は先輩の隣で話を聞き仕事を覚え、2カ月目には営業成績1位を達成。店の目標がもともとは全員で50台売ることだったが、3カ月目には俺一人で50台売れるようになってしまった。

ただ、キャバクラ出店のためにこの会社へ来たのに、「キャバクラいつ出すんですか」と聞いても「ごめんごめん」の繰り返し。確かに、車屋としては俺一人でかなりの売上を上げていたから、この仕事を続けさせたいのは分かる。それから半年ほど様子を見たが、一向に話が進まないので「俺、ここ辞めます」と伝えた。するとその次の日、すぐにキャバクラ店の内見に行くことになり、開店する運びとなった。

俺がキャバクラを経営する条件として、車屋の社長に最初に言っておいたのは「俺に一切口出しせず、自由にやらせること」だった。ある時、求人の方法を聞かれたから、「求人雑誌に広告を出す」と答えたら、「それって高いよね？」と言ってきた。口出しされたので、その瞬間辞めると告げた。

ほしいものを求めて来てるのに
口説けないのは素人
ほしくない人にほしいと思わせるのが
スペシャリスト

営業の経験なんて無かった俺が成績トップになれたのには、コツがある。「車なんてどこで買っても同じ。1円でも安く、良い商品を買いたい」と思うのがお客様の心理。では、納得して購入してもらうためにはどうすればいいのか。そこで俺は、信頼を得ることでモノは売れるという方程式を導き出した。

初対面の販売員がお客様から信頼を得るためには、どれだけ相手のことを思えるかが重要だ。心をつかむ接客は会話から生まれるもの。「せっかくだから良い車に乗ってほしい」という思いを熱心かつ丁寧に伝え、相手の要望もじっくりとヒアリングする。そうやって一人ひとりに向き合えば、自然と信頼され、自然と商品も売れるようになるのだ。

実のところ、お客様は車がほしくてわざわざ店に足を運んでくれているのだから、むしろ売れない方がおかしい。

「モノやサービスを売る」ための接客ではなく、「自分を売る」イメージで相手と接する。そうすると、お客様も自然と自分に好感を持ってくれるものだ。例えば女の子を口説くときも、棒読みで「好きだよ」と言うのと、全力で愛情表現をして「好きだよ」と言うのでは伝わり方が全然違う。同じことをお客様にもするだけだ。

自信とは挑戦した結果に付いてくるもの

自信があるから挑戦するんじゃない
その「挑戦」が「自信」につながるんだよ
日和見している時間があるならまずは動け
失敗は成長になり、経験は自信になる
成功がゴールなら通り道を楽しめ

俺は営業の経験もキャバクラのスカウトの経験もなかったけど、とりあえずやってみて、何とか自分のスタイルを作った。**もしあなたが挑戦してみたいことがあるのに自信がない——そんな日和見している時間があるなら、まず動いてみるべきだ。**

異性に告白するとき、100%成功する自信があるから告白するわけではない。相手のことが好きで、付き合いたいから勇気を出して告白するのであって、そこに自信の有無は関係ないはず。自信があるから挑戦するのではなく、自信などなくても挑戦することが成長につながり、その経験が自信に変わる。

挑戦しなければ何も始まらない。成功までの道のりは遠くてつらいかもしれないけれど、その**過程こそ一番楽しむべき時間**だと俺は思う。マリオだって1－1から苦戦しながらプレイする過程が楽しいのであって、全ステージをクリアしてピーチ姫を助けた後はもう同じ楽しさは二度と味わえない。

尻込みして動かない時間がもったいない。挑戦して、たくさん失敗して、その失敗さえも楽しもう。

プライドを高く持つよりも
「人間力」を高めること
プライドなんて何の役にも立たない

プライドが邪魔して挑戦できないという人も多いだろう。俺から言わせると、プライドなんていうものはただの「見栄」だから、何の役にも立たないし、売り物にもならない。だから、**鼻くそみたいに小さなプライドは捨てちまえ**。

「俺を誰だと思ってるんだ」「俺は絶対頭なんか下げない」なんてことを言っている人よりも、人のために潔く頭を下げられる人や、人を立てて、人のために力を発揮できるような、謙虚な人の方がカッコいいと俺は思う。

プライドでご飯が食べられたらいいが、そんなわけはない。だからプライドなんてさっさと捨てて、人間力を高く持つべきだ。

「人間力がある人」というのは、尊敬できる人、人として魅力のある人、そして、いつでも頼れる人のことだと俺は考える。人間力のある人には誰もが付いていきたいと思うから、勝手に人望が厚くなり、稼ぐことができ、結果的に何もかも上手くいくようになり、成功するものだ。

人間力を付けるには、常に「誰のおかげで今の自分があるのか」ということを考えて、行動するといい。「俺スゲーから」って言っている人よりも、「おかげさまで」と思いながら生きている人の方が断然カッコいい。

本来の目的を忘れて、余計なことに労力を費やすな

人の心を動かすのは人だ
心を動かすためには全力で相手のために動くこと

車屋を辞めた俺は、最初に働いたキャバクラに戻った。人手が足りないということだったし、そこの先輩にはかなりお世話になったので、恩返しの意味でも戻ることに決めたのだ。偉大だった先輩を超える自分を見てみたかった、という気持ちもある。

復帰後は、先輩が任されていた店舗に行き、もともとかなり高かった売上をさらに1・5倍伸ばした。次に、売上が低い店に移り、3カ月で大きく売上を伸ばすことに成功した。売上を伸ばすためには、従業員のマインドセットを変えることが重要だ。

その店には派閥があり、その争いによって従業員の目的意識がバラバラであることが売上が伸び悩む原因だった。俺は「仲良くする必要もないけど、ケンカするために働いているわけじゃない。稼ぎに来ているのだから、勝ちたければ数字で示せ」と諭したのだ。さらに全従業員と5分ずつ面談して、「俺は本気で頑張るから、一緒に本気で頑張ろう」という思いを共有した。どちらかの肩を持つつもりもないし、仲良くしろとも言わない。でも愚痴を言っている時間はダサい。**実力は結果で示せ。**

こうしてバラバラだった従業員の気持ちを一つにまとめ、月400万円ぐらいだった売上は、2000万円にまで上がったのだ。

やらなきゃいけないからやる
そんなサービスには必ず粗が出る
相手を思いやり　「してあげたいからやる」サービスをしろ
最高のサービスとは最高の人間が作る
最強になりたいなら最高を作り続けること

「やりたいことをやる」。それが俺の人生の目標。

しかし、俺が大工やキャバクラで人から指図されて仕事をしてきたように、生きているとやりたくないことをやらなくてはいけない場面もあるし、好きなことでも気が乗らない日もある。そんなときは、目の前の仕事が「ＶＩＰに関係することである」と自分を洗脳すると、俄然《がぜん》やる気が出てくるものだ。

俺は、接客業の従業員との会議で「お客様全員を、自分の恋人だと思え」とよく話す。自分の大切な人が目の前にいると思えば、普段より目配り・気配りが利き、丁寧でこまやかな会話をはじめとしたコミュニケーションを取ることができる（もちろん相手はお客様だから、言葉遣いは変える必要はある）からだ。

お客様も、「知り合いでも何でもないただの客」といった対応をする店より、気遣いのできるスタッフがいる店の方が気に入ってくれるはず。

ちょっとした意識を変えるだけで自分も成長し、お客様にも最高のサービスを届けることができる。**自分が最強になりたいのであれば、最高を更新し続けること**。目の前の仕事はすべて重要だと思って動くと、いつの間にか成長できている。

口先だけの「頑張る」では結果が出ない

みんながよく言う
「頑張ってるんですけど……」
気合が足りない！
頑張るのは当たり前　結果が出るまでやり続けろ
挑戦もせずただ幸せになりたい？
そんな奴はただの怠け者
みんな頑張ってるんだよ
頑張ってない人がいるとしたら論外

こうして俺が仕事で結果を出すことができているのは、「気合」の差だと思う。「頑張っているんですけど、結果が出ません」と言う人がよくいるが、頑張っただけで結果が出るなら、地球上の全員が成功者になっている。頑張るのは当たり前。結果が出るまで努力し続けることで初めて成功者になれるのだ。だから、挑戦もせず「ただ幸せになりたい」なんて言うのは、ただの怠け者だ。

頑張ることがデフォルトになってくると、頑張っているとも感じなくなる。イチロー選手が毎日素振りを続けていたように、他人から見れば「すごいな」と思うことでも、本人からしたら日常茶飯事。その域まで達すると、**どうすれば結果が出るのかを分かっているから、頑張っているつもりがなくても結果が出せてしまう**のだ。

三流の人は頑張っているつもりでも頑張りが足りない人。二流の人は頑張って結果を出して褒められる人。一流の人は結果を出しても誰からも褒められない。なぜなら、それが当然だと思われているからだ。

俺も頑張ることがデフォルトになっている。結果の出し方が分かっているから、そのための行動しているだけ。そういう意味では、頑張らなくても結果が出せる状態になっているのだ。

Q どうしたら誹謗中傷されなくなりますか？

A 誹謗中傷は人が生きている限り無くなることはないと思う。

でも前向きに捉えることは可能！
俺の考えでは、
「誹謗中傷してくれてありがとう」
＝「話題にしてくれてありがとう」
1日24時間しかない中で
俺のことを思ってくれてありがとう。

イラっとしたときこそ感謝をするようにすれば、
気持ちも前向きになれる。

CHAPTER

3

仕事

――「失敗の経験」と「気合」で乗り越えろ

行動こそ開運の近道

思ったら行動すること
人生思った通りにはなりにくいけど
行動した通りにはなる

さまざまな職務経験を積み、再度自分の会社を立ち上げることにした俺は、20代半ばに差し掛かっていた。今までやったことのない、居酒屋のようなバーを出すことにしたが、料理を作ったこともなければ、居酒屋で働いたこともない。だけど、とにかくお客様と正直に、互いに気負わずに話せる場所を作りたかった。なぜなら、（言い方は悪いが）水商売は嘘が多いからだ。

今考えるとありえない話だが、フードメニューが焼きそばときゅうりの一本漬けしかないような店だった。だから、通常の営業では勝てそうにないので、夜9時オープン・朝7時クローズという、他のお店がやっていない営業時間で勝負した。

どんな形でもいいから、とりあえずスタートを切ってみるのは大事なことだと思う。人生、思った通りにはなりにくい。なぜなら、「思った」だけだからだ。それでも**人生は、行動した通りに進んでいく**。行動に移したら、良くも悪くもそれはきちんと実現化する。行動を起こさなければ何も変わることはないけれど、行動を起こすことで一気に成功に近づく。やるべきことをやらずに愚痴を言うヒマがあるのなら、とにかくやってみて、ダメだったら改善してまた挑戦してみる。そういう繰り返しが成功への近道。結果を出したいのであれば、考えてばかりいないで行動に移せ。

受けた恩は必ず忘れるな

人としての器が小さい人ほど受けた恩をすぐ忘れ
売った恩を覚えている
今の自分がいるのは必ず誰かのおかげ
恩を仇《あだ》で返すような最低な人間にだけは絶対になるな
感謝は常に心のポケットにしまっとけ
一見マイナスに思えることが、プラスに転じることもある

夜から朝にかけて営業していたため、泥酔状態のお客様やキャバクラで働く女の子が多かった。そのため、客同士のトラブルや女の子へのナンパといった問題も頻発していた。問題を止めるたびに「何だテメー」と絡まれて、全員ぶっ飛ばすというのが日常茶飯事。そうしているうちにうちの店は、いつの間にか「やばい店主がいる」と噂になり、「殺人バー」と呼ばれるようになっていた。

殺人バーの営業に夢中になっていた頃、東日本大震災が起こった。当時は世の中が自粛ムードだったが、地震発生からの半年間はなぜか毎日満員で繁盛していた。不安な気持ちを紛らわすために飲みたかったのだろう。

そこから俺のビジネスはとんとん拍子に展開していった。ヤンチャな人が多かったけど、その時来てくれていたお客様への恩は忘れない。

器が小さい人やずるい人ほど受けた恩を忘れ、自分が売った恩を覚えているものだ。俺からすると、受けた恩は倍にして返すのが礼儀。「類は友を呼ぶ」という言葉があるように、恩を忘れる人のところには、恩を忘れる人が集まってくる。

つながりとは、これまで自分がどんな行動をしてきたかによって作られるもの。受けた恩は忘れずに、感謝の気持ちを常に心に留めておくことが必要だ。

小さなことがきっかけで大きく飛躍できることもある

結果とは誰かに作ってもらうものじゃない
すべての結果は君次第

殺人バーは料理が少ない分、会話だけで勝負していた。しかし、週5で来てくれるお客様とは、半年も経つと次第に会話のネタがなくなってきたので、新たにダーツの台を導入した。店員が下手だと情けないから、終業後に毎日練習。「真ん中に3本連続で入ったら帰っていい」というタスクを自分に課していた。

ダーツを始めて3カ月ほど経つと、ダーツの大会に誘われた。優勝すると日本代表としてアジア大会へ、アジア大会で優勝すると次は世界大会へ進める大規模なもの。上級者が海外に無料で行けることに魅力を感じて出場しているような大会だった。俺は、誘ってくれた人に「優勝したら何でも言うことを聞いてやる」と言われ、店のナンバー2と組んで出場することにした。

信じられないことに決勝まで勝ち進んだ。俺たちのレベルで決勝に進めるのかと少しなめてかかっていたが、聞けば相手はプロ。草野球の選手がプロ野球の試合に出ているようなものだ。でもたまたま勝ってしまった。そして進んだアジア大会では、4位の成績を収めた。こんな結果、誰が予想しただろう？　もちろん俺たちは練習もしていたし、出場するからには真剣だった。だけどあの時、「いや、俺らなんて」と自分たちの力を過小評価して断っていたら、この結果は得られなかったのだ。

一つひとつの行動が未来を作る

種をまかなければ花は咲かない
気持ちがなければ愛は芽生えない
行為をしなければ　子どももできない

（はぁ？）

どんな花を咲かせたいのかによって、まくべき種は変わってくる。ヒマワリを咲かせたいのに、アサガオの種をまいたってアサガオが咲くだけ。そして、種をまいただけでは花は咲かない。そのためには、土を手入れしたり、毎日欠かさずに水をやったりする必要がある。

自分の夢や人生についても同じことが言える。自分がどうなりたいかによって、何を勉強して、何を練習して、どういう行動を取ればいいのかが変わる。

夢を叶えるまでのプロセスを考えて、そのための道順を決めてしっかり歩き続けなければならない。自分でナビを起動し、目的地を設定して経路を確認する。時に進路修正を迫られることもあるかもしれないが、一つひとつの行動で未来が作られていくから、進むべき道は成り行きに任せてはいけない。自分で選択した行動が、すべてを作るのだ。

ただ歩いているだけで夢が叶うほど、世の中は甘くない。だが**「地道な努力」によって花が咲くように、しっかりとしたプロセスを踏めば、目標は必ず達成できる。**

バーが軌道に乗った俺は、ぼんやりと考えていた2店舗目を持つことになる。

正直さが深い付き合いにつながる

嘘はいつか必ずバレる
だったらさ
毎日まっすぐ楽しく生きた方がいい

バーに来たお客様と仲良くなり、「カラオケに行こう」と店を抜けることが多かったので、こんなにカラオケに需要があるなら自分の店でカラオケをやった方がいいと思い、今度はカラオケバーを出すことにした。

お客様と親しくなれたのも、バーのコンセプトが「正直に話せる場所」だったからだ。前述の通り、水商売は嘘を嘘で固めていくような世界。好きでもない相手に「好きだよ」と言ってみたり、自分にお金を使ってもらうためにいろいろな方便を使ったりすることもある。だからこそ、自由で正直に営業できる店を出したいと思ったのだ。「正直に」と言っても、笑えるような言い方はする。「これ飲んだら帰るから」と言う人に対して「早く帰って」と言ったり、「私たち仲良いですよね？」と言う人に対して「俺はそう思っていない」と返したりするなど、本当に思うままに何でも話していた。俺が正直な態度だから、お客様たちとも深い付き合いができる。

正直に商売をすることは、「自分を売る」ということにもつながる。今は時代もだいぶ変わり、水商売も正直でいられるような環境になってきたようだが、やはり、ストレスなく、自然体で商売ができることが一番だと思う。

素直が一番

おいしいものはおいしい
好きなものは好き
どんなにすごくても、どんなにお金持ちでも
素直でいい人であれ
それが幸せになる秘訣《ひけつ》

人間、素直であることに越したことはない。自分の気持ちに素直になることに対して抵抗がある人もいるかもしれないが、抵抗して得することは一つもない。ああしたい、こうしたい、ここに行きたい、と自分の要望を言う。はっきりと意思表示しておくことで、自分という人間の好みを熟知できるし、それを聞いた誰かが希望を叶えてくれることもある。

好きな人に想いを伝えるのが怖い。それは相手の反応を気にしすぎるから、素直になれないだけなのだ。ただ、自分の気持ちをどう受け止めるかは相手次第。だから自分の考えを相手に押し付けてはいけない。たとえ叶わなかったとしても、落ち込んだりネガティブに感じたりすることはない。むしろ素直に気持ちを言葉にすることができた自分を褒めてあげるべきだ。

もし、好きな子に「好きだ」と言えなくて、他の人と結婚しちゃったら取り返しがつかないだろ？　言うのはタダなんだから、素直になった方がいいに決まっている。

そういう**素直な気持ちは、大人になっても、偉くなっても持ち続けるべき**。素直に好きなものを選んで、好きなことを好きなときに好きな人とする。叶えたいならまっすぐ生きろ。

素直なあなたは何でも吸収し、成長できる

素直な気持ちを忘れるな
素直な人は永遠に成長し続けられる
過信するな　頑固になるな　成長が止まるから
常に学び　常に感謝し　素敵な心を持ち続けよう

「素直さ」は、ビジネスを成功させることにも、人生を成功させることにも、自分が成長することにも欠かせない。

自分の気持ちを素直に言葉にできる人は、他人の気持ちも柔軟に受け止められる。そのため、他人のアドバイスをすぐに取り入れてどんどん成長することができる。自分が何かを教える立場だったら、「はい！」と言ってすぐに実践してくれる人の方がかわいいと思うし、もっと教えてあげたくなるし、面倒を見たくなるよね。

子どもはあらゆる物事に対して「どうして？」と質問するし、何でも自分でやりたがる。そして、親の言ったことを素直に取り入れるからどんどん吸収して成長していく。ところが大人になると、「もう知っているから大丈夫」と自分の力を過信して興味も持たず、知ろうともしなくなる。その時点で成長が止まってしまう。

よく「大人になると頭が固くなる」というけれど、〝頑固オヤジ〟と呼ばれる人は吸収力がゼロの状態。だから将来どうなるのか、結果が見えている。

素直な心を持っている人は魅力的だし、人も寄ってくるもの。いつも身近に学びの場があるので、成長するスピードも速い。さらにそのことを**常に感謝する姿勢を忘れないから、死ぬまで成長し続けることができる**のだ。

ひがまれるのは目立っている証拠

愛してくれてありがとう
文句を言ってくれている人に伝えたい
俺のことを毎回思ってくれてありがとう

俺が活動の拠点としている埼玉県志木市という街は、20年前は本当に治安が悪かった。職人や闇金の人、気性の荒い人が多く、包丁を持った人が歩いていたこともあった。歩いているだけでケンカを売られることが日常だった。

そんな時代に、俺に好意を寄せてくれている女の子がいた。断り続けていたら諦めたのか、別の彼氏を作ったと聞いていた。するとある日、彼氏とその友達が10人ぐらいで日本刀を持って店に乗り込んできたのだ。嫉妬なのか、仕返しなのかよく分からない。俺は相手にする気がなかったから、「いや、お前ら恥ずかしいよ。何やってんの?」と言ったが、武器が武器なので一人ではどうにもできなかった。結局先輩が間に入ってくれ、事なきを得た。

これまでに数え切れないほど危ない目に遭ってきた。職業柄、女の子をスカウトする際に、店同士で奪い合いになってしまうこともあった。恨みを買ったり、嫉妬されたりということも多々ある。しかしその経験があるから、今は何があっても怖くない。

誇れたものではないが、俺はひがまれ人生20年以上。でも目立たないよりは目立つ方がいい。話題に上らないよりは、良くも悪くも話題に上る方がいい。俺は「コストのかからない広告塔」のようなものなのだ。

大切なのは中身

見た目で判断する奴は損をする
怖そうな人ほど優しいし
真面目そうな人ほど遊んでいたりするもの

「有言実行」

言葉に重みがある
言葉に責任を持っている人
そんな人を信じよう

俺の先輩が他の店で飲んでいたとき、その店の代表や店長が俺のことを「俺、あいつのこと嫌い」と言っていたことを教えてくれた。俺はその人に会ったこともなければ、話したこともない。おそらく、女の子絡みのひがみが原因だろう。先輩はブチ切れ、「お前らが能力なくて愚痴るのはいいけど、結果出してんのはアイツじゃん。ひがんでんじゃねえよ」と言ってくれたらしい。俺は先輩のカッコよさに感動した。

俺はなぜか、知りもしない人から嫌われていることがよくある。好きに言わせておけばいい、と思うのだが、わざわざ名前を挙げてくれるなんて、「逆に俺のことが大好きなんじゃないか?」とも思う。本気で嫌いならば名前を口にする必要はないし、そもそも話題にすらしないものだから。

人を見た目だけで判断しているうちは、まだ甘い。**その人の本質を知りたいのであれば、その人の行動を見るべき**だ。

世の中、うわべのことだけ言っている人や発言と行動が伴わない無責任な人がたくさんいる。噂を信じず、自分の目で見たものが真実であると知ってほしい。行動から本質を見抜き、もっともらしい言葉を並べる人ではなく、自分の言葉に責任を持って行動している人を信用しよう。

理由を知って強くなる

すべてには理由がある
できた理由　できなかった理由
それが分かればすべて上手くいく
同じことを一、二回している奴より
一万回やってる奴の方がその理由を知っている

気がつけばよくも悪くも街で名前が売れ、さまざまな出会いがあり、知り合いが店を使ってくれる機会なども増えた。お客様を紹介したりされたりしていくうちに、売上が上がらなくて困っている店舗や業態にコンサルティングする仕事を始めたことで、俺のビジネスはさらに広がっていった。

売上が伸びない店舗には共通点がある。それは基礎ができていない、つまり当たり前のことを当たり前にできていないということだ。

数字ばかりを追い求めて、従業員やお客様の気持ちを考えていない。計算する時間があるなら、今来てくれているお客様が何を求めているのか、従業員が何に困っているのかを考えて、改善することに時間を費やした方が成長できる。もちろん日々の目標はあるから、その数字は気にしなければいけない。だから、上手くいかなかった日があれば、やり方を工夫していく努力は必要だ。

大切なのは、スタッフ一人ひとりのモチベーションを上げることと、同じ目標を共有できているかどうかだ。基礎を徹底すれば、必ず結果は付いてくる。

基礎より大切なものはない

人は出世するたび　基礎から遠ざかる
基礎という一番大事なことを怠るな
基礎である　素晴らしい挨拶、しっかりとした掃除
部下や子どもは親の背中を見て育つ
手本となる人間がダメにならないこと

お買い求めいただいた本のタイトル

■お買い求めいただいた書店名

(　　　　　　　　　　　　)市区町村(　　　　　　　　　　　　)書店

■この本を最初に何でお知りになりましたか

□ 書店で実物を見て　□ 雑誌で見て(雑誌名　　　　　　　　　　　　)
□ 新聞で見て(　　　　　　　　新聞)　□ 家族や友人にすすめられて
総合法令出版の(□ HP、□ Facebook、□ Twitter、□ Instagram)を見て
□ その他(　　　　　　　　　　　　　　　　　　　　　　　　　　)

■お買い求めいただいた動機は何ですか(複数回答も可)

□ この著者の作品が好きだから　□ 興味のあるテーマだったから
□ タイトルに惹かれて　□ 表紙に惹かれて　□ 帯の文章に惹かれて
□ その他(　　　　　　　　　　　　　　　　　　　　　　　　　　)

■この本について感想をお聞かせください

(表紙・本文デザイン、タイトル、価格、内容など)

(掲載される場合のペンネーム:　　　　　　　　　　　　)

■最近、お読みになった本で面白かったものは何ですか?

■最近気になっているテーマ・著者、ご意見があればお書きください

ご協力ありがとうございました。いただいたご感想を匿名で広告等に掲載させていただくことがございます。匿名での使用も希望されない場合はチェックをお願いします☑
いただいた情報を、上記の目的以外に使用することはありません。

郵便はがき

料金受取人払郵便

日本橋局
承認

8320

差出有効期間
2024年3月
20日まで

切手をお貼りになる
必要はございません。

103-8790

953

中央区日本橋小伝馬町15-18
EDGE小伝馬町ビル9階
総合法令出版株式会社 行

本書のご購入、ご愛読ありがとうございました。
今後の出版企画の参考とさせていただきますので、
ぜひご意見をお聞かせください。

フリガナ お名前	性別 男・女	年齢 歳
ご住所 〒 TEL ( )		
ご職業 1.学生 2.会社員·公務員 3.会社·団体役員 4.教員 5.自営業 6.主婦 7.無職 8.その他( )		

メールアドレスを記載下さった方から、毎月5名様に書籍1冊プレゼント!

新刊やイベントの情報などをお知らせする場合に使用させていただきます。

※書籍プレゼントご希望の方は、下記にメールアドレスと希望ジャンルをご記入ください。書籍へのご応募は1度限り、発送にはお時間をいただく場合がございます。結果は発送をもってかえさせていただきます。

希望ジャンル: ☑ 自己啓発 ☑ ビジネス ☑ スピリチュアル ☑ 実用

E-MAILアドレス ※携帯電話のメールアドレスには対応しておりません。

俺はこれまでの経験から、「初心を忘れてはいけない」という姿勢を大切にしている。それは、立場が上がれば上がるほど言えることだ。

出世すると、若手のころにやっていた朝の掃除をしなくなったり、急に現場に来なくなったりする人がいる。しかし、ビジネスは現場が基本。現場仕事から離れすぎると、お客様や従業員との距離が生まれてしまう。だから、現場を熟知することから離れているようではいい幹部と言えない。

何事も大切なのは基礎。出世したら、基礎から遠ざかってしまうのはある程度仕方のないことだが、そういう時こそ基礎を大事にしないと、部下に対してダメなお手本になってしまう。

部下だったら上司、子どもだったら親の背中を見て育つ。そのお手本自体がダメだったら、部下も子どもも同じように育つだけだ。だから人として、社会人として、基礎となる挨拶や掃除はしっかりすること。清掃確認で隅が汚れていたら、どうすればきれいになるのか自ら率先して部下にやって見せる。単に指示してやらせるよりも、自分で手を動かすことで、その姿は部下にも伝播《でんぱ》し、その連鎖は社風として定着するからだ。

マンネリは最強の敵

商いを飽きないこと
慣れてもダラけるな
結果はすべて己のせい
責任感を鍛えることこそ責任者への近道

カラオケバーを出店した後は、初心にかえって水商売を始めようと思い、ガールズバーを出店することにした。

稼ぐ人とは、常に新しいことに挑戦している人だ。マンネリを感じることもなく、いつも新鮮な気持ちで仕事に挑むことができる。逆に、稼げない人はすぐ仕事に飽きて、つまらないから要領よくサボって言い訳ばかりするものだ。

仕事に飽きているならば、上司や同僚に新しいことを提案する。提案を受け入れてもらえなければ、会社の利益を訴えて自分の案を採用してもらえるようプレゼンしてみる。仕事を楽しくするのも、つまらなくするのもすべて自分次第だ。

それでも変わらなければ、今目の前にある仕事に責任を持って、より一層丁寧に取り組んでみる。その**責任感こそ成功の秘訣**。やがて責任がある立場になれば、手を抜くこともできないし、言い訳もできなくなるだろう。

また、**責任感がある人は、成功したら「みんなのおかげ」と言い、失敗したら「自分の責任」と言う人だ**。そういう人は魅力的で人も付いてくる。

反対にダメな人というのは、手柄は自分のものにし、失敗は周りに押し付ける傾向がある。これでは誰からも信頼も信用もされない。責任感ある人になろう。

良い仲間と出会えた奇跡に感謝

誰と過ごすかで人生は大きく変わる
すごくなりたいなら
すごい人のそばにいろ

こうして俺がビジネスを大きくできたのも、右腕と左腕の助けがあってこそ。二人とは10~15年以上の付き合いになるが、本当に自慢の仲間だ。

右腕はキャバクラにアルバイトで来た、漫画『闇金ウシジマくん』を地で行くような、絶対に笑顔を出さない男だった。ある日突然、30万円ぐらいする誕生日プレゼントを俺にくれて、無下《むげ》にはできず、「1週間に1回は連絡を取り合おう」と言って、好きな本や映画を紹介し合った。食事をした際に仕事の話になり、俺から自分の会社に誘った。

そして左腕は、俺の9歳上で、志木では有名なビジネスマンだった。「ライターある?」と聞かれて、「ないっス」と言いながら、その場で自分のタバコに火をつけるような肝が据わった男。俺がビジネスを始める前、街で見かけて「俺と組んだら最強だから、今の会社を辞めて一緒にやろう」と声をかけたのが初対面。半年間考えた末、うちに来てくれた。

俺の仕事はリーダーとしてみんなを引っ張っていくこと。みんなのモチベーションを上げ、ついてきてくれる仲間たちが満足いく環境を作ってあげることだ。それに尽きる。一人では偉業は成し遂げられないから、この二人に出会えて本当によかった。

組織とは社長の器

誇れるものを作れ
俺の誇りは最強の右腕と左腕　最強の仲間がいること
素敵な仲間がほしいなら素敵なリーダーに
強い仲間がほしいなら強いリーダーになれ
類は友を呼び類は類を作る
リーダーとは
必ず人を支えられる力や強い覚悟を持つべきだ

一つの組織を見るとき、社長だけでなく、社長の側近も見ることで、組織自体の器を知ることができる。なぜならば、その組織のトップが直にビジネスを叩き込んでいるのが右腕と左腕だから、この二人が仕事ができるのならば、社長も仕事ができるという判断ができるというわけだ。

部下は上司の背中を見て育つもの。強いリーダー格を育てたいならば、まず自らが強さを見せ、誰よりもいいお手本でいなければいけない。**リーダーは「人を支える力」と「人を動かす力」を持つべきだ。**

また、リーダーならば、従業員・お店・組織・会社すべての責任を負うべきだ。

不祥事があった大企業の記者会見で、絶対に社長が知らないだろうなという案件でも、社長が頭を下げていることがよくある。トップに立つ人間の取るべき行動の一つだが、もしも社長自身が人のせいにしたり、トラブルから逃げたりしていたら、部下や社会に示しがつかないからだ。

俺は常に「類は類を作る」という考え方を持っている。素敵な仲間がほしいのであれば、まずは自分が素敵になって周りの人を素敵に変えればいいだけ。最高の仲間がいれば、最高の組織ができる。そして最高の人生になるはずだ。

みんなで協力し合えば早い

目標は一人で達成するもの
目的は仲間と達成するもの
幸せは大切な人と感じるもの

「目標」といっても、ジャンルは人それぞれだが、大抵のものは一人で考えて、一人で挑み、〝一人〟で達成するものだと思う。

それに対し「目的」というのは、一緒に働いたり、遊んだりして、〝仲間と一緒〟に達成して喜ぶものだ。

ただし、せっかく一緒に目的を達成する仲間がいるならば、その人たちの目標や幸せについてもよく理解するべきだ。それを達成するために手伝えることがあるなら、可能な限り手助けしてあげる。そうすることで、さらなる課題とより大きな幸せを一緒に味わうことができるようになる。

温泉に行くことが幸せならば、一緒に温泉に行く。店長になるという目標があるならば、そのためにバックアップする。こうして協力と幸せの循環を作っていけば、自分たちの共通の目的を達成することはもちろん、自分の目標の達成のためにも、周りの仲間が協力してくれるものだ。

自分の周りにいる一人でも多くの人が、**目標や目的、夢を達成できるよう、互いに協力することで好循環が生まれる。**何事も早く達成できるようになり、みんなでいい方向に向かっていくことができるのだ。

夢を叶えるのは神じゃない、君だよ

奇跡が起きるのを待つな　奇跡とは起こすもの
運命の出逢いや叶えたい夢も行動なしではつかめない

例えば今夜、数年に一度しか見られない流星群が観測できる日だとする。でも、自分が住んでいる地域の天気は曇り。流星群の観測は期待できない。もし見ることができたら奇跡だと言われているとしたら、あなたはどうするだろうか？

●「厚い雲がかかっているから、どうせ見られない」と何もしない

●奇跡なんて起きるわけがないし、自分には天気を変える力もないと諦める

そんな人が多いのではないだろうか。

しかし、本気で流星群を見たいのであれば、

●山をいくつか越えれば晴れている地域があるかもしれない

●今すぐ車で出発すれば間に合うかもしれない

と考え、行動に移すべきだ。奇跡を起こせる可能性は、諦めた人よりも高くなる。

神社というのは、願い事をする場所ではなく、神様にお礼を言いに行く場所なのだそうだ。**願い事を叶えるのは神様ではなく自分自身**。神様は努力している人にちょっと力を貸してあげているだけなのだ。もしあなたが神様なら、何も行動せず、ただ待っている人よりも「絶対に奇跡を起こしたい」「夢を叶えたい」と思って、必死で行動している人を助けたいと思うはずだ。

リーダーの限界が組織の限界

本物のリーダーとは
テメーですべてを成し遂げるものではなく
たくさんの最強の仲間を育てる奴だと思う
人間力こそ技術力

ある時、俺の左腕が「１頭の羊が１００頭の狼を率いるのと、１頭の狼が１００頭の羊を率いるのはどちらが強いか」と聞いてきたことがあった。これはナポレオンの格言だが、要は「誰が率いているか」が重要らしい。確かに、羊１頭に対して狼１００頭では言うことを聞かないので、狼が率いる羊１００頭の方が強そうだ。

同様に、組織には絶対的なリーダーがいなければならないと言える。

リーダーを超えて、その組織が大きくなることは絶対にありえない。だから、組織を大きくしたければ、リーダーの器を大きくすることが必要不可欠。

さらに、最強の仲間を持っているリーダーは信頼に厚く、部下から慕われ、実力以上の大事を成し遂げられるものだと思う。

俺にとって**最強の仲間とは、何があっても裏切らない、同じ目標をちゃんと目指すことができる奴ら**だ。多少仕事はできなくても、信頼・信用できる人が近くにいる方がいい。仕事ができないだけなら、仕事ができるようにすればいいからだ。

理想は、漫画『キングダム』の王騎《おうき》将軍のような絶対的なリーダーに、騰《とう》のような信頼に厚く仕事ができる最強の右腕がいる組織を作ること。大事を成し遂げるために何よりも優先すべきは、絶対的な存在になり、信用できる人をそばに置くことなのだ。

信頼があなたを救う

お金を稼ぐことはもちろん大変だけど
それより信用を稼ぐ方が大変
初めてやることや周りがやらないことを
しようとすると大体批判される
特にできない奴に……

そして成功したときにそいつらが言うんだよ
「あいつはやると思ってた」
やりたいことはやれ　周りの意見なんて気にするな
結果を出したモン勝ちだ

誰もがお金を稼ぐために仕事をしている。ところが、仕事にも慣れ、お金もたまってくると、次第に「お金ではないもの」を求めるようになるはずだ。それは、やりがいだったり、人とのつながりだったりする。出世をすることが生きがいになるという人もいるだろう。

新型コロナウイルス感染症の流行で、店を休業せざるを得なくなったときがあった。俺の役目は店をつぶさないことと、従業員に飯を食わせること。だけど明日どうなるかも分からない。そこで従業員に「少しの間減給させてほしい。その代わり休みを取っていい」とお願いした。お金だけが目的で働いている会社ならすぐに辞めてしまうだろう。しかし、経営者と従業員の間に信用があれば、「踏ん張ってみよう」と思える。その**信用が人をつなぎ留めて、同じ方向を目指すことができる**のだ。

苦境に立たされているとき、あらゆる方面から批判を受けることがあるかもしれない。でも事態が好転したら、批判していた輩《やから》は手のひらを返して「ファンになった」「実は応援していた」などと言い始めるものだ。だから、何を言われようが気にする必要はない。どんな状況に陥ったとしても、自分を信じてくれる人さえいれば、周りのことは一切気にしなくていい。**無視して、苦境を乗り越えろ。**

縁の下の力持ち

立ち振る舞いとは
立っている姿や振る舞う姿のことを言う
暇なときほどキビキビと　忙しいときほど丁寧に

立場にあぐらをかくな
立場が上がれば上がるほど低姿勢を心がけろ
誰にでも平等に振る舞える奴はカッコいい

新しい店舗を立ち上げたときや新しい職に就くとき、誰もが最初はやる気がみなぎっているはず。しかし、3カ月、1年、5年と経過するうちに役職も上がり、なんとなく気が緩んできたり、その立場にあぐらをかき始めてしまったりするのはよくある話だ。また、職場や部活で、上司や監督がいるときはパリッとしていても、いなくなった瞬間にダラッとしてしまう、という人もいるだろう。

上司がいないときほど気を引き締めるべきだし、こういうときにきちんと動ける人は一番伸びしろがあると思う。スタートは同じでも、暇なときに動ける人は、仕事を任され、収入が上がり、知らないうちに立場も上がっているものだ。

また、意識は立ち振る舞いに表れる。立場が上がれば上がるほど目線は高くなるが、立場が上がっても常に周りを気遣い、率先して動いている上司の姿を見たら、部下は「自分も動かなくては」と意識を変えるだろう。

評価は人が見ていないところで、どれだけ行動できるかによって変わる。見えない努力を続けていれば、いつか必ず結果が付いてくる。誰にでも平等な態度で接し、ひたむきに努力し続けよう。

慣れてきたときこそ丁寧に

過信、慢心するな
そんな時こそ、上を目指し謙虚に努力すべし
君の言動は必ず見透かされる

車の運転に慣れてくると事故を起こしやすいように、どんなことでも、過信と慢心が失敗を招く。過信は、自分の実力を過大に評価してしまっている状態。そして、慢心は天狗《てんぐ》になっている状態。基本動作を忘れ、スピードを超過してしまったり、確認作業を怠ってしまったりすることで事故は起こる。

本来であれば、自信があることはいいことだ。しかし、過信は「過剰に信じる」ということ。自信が過信になった途端、正しい判断ができなくなる。そこに慢心が加わることで、「適当にやっても大丈夫」といった態度に変わってしまうのだ。

何事も**できるようになってきたときこそ、基本に忠実に謙虚に努力するべきだ**というのが俺の考え。基本を大切にする人には好感が持てるが、何事も適当に済ませるような人では、その人の人間としての魅力が半減する。そして、基本を忘れてしまっているのに、高度なことに取り組もうとするので上手くいかず、成長がストップしてしまうという悪循環に陥るのだ。

過信・慢心しそうになったときは、目の前の一つひとつの動作をゆっくり丁寧にやってみるといい。意識が動作に向き、集中して行動できるようになるからね。

楽せず楽しめ

大変なことから逃げるな　何事も最初は大変
それは経験値が少ないから
最初から何でもできる人なんて存在しない
頑張った分、幸せはおつりで返ってくるよ

生まれた瞬間から走り回れる赤ちゃんがいないように、最初から何でもできる人は存在しない。何事も地道な努力が必要だが、はじめは経験値が少ないので、その努力を大変だと思ってしまうのも仕方がないことだ。

「10キロ走れ」と言われたら、最初は誰でも走るのが大変だ。しかし、毎日継続して10年間走り続けている人にとっては、10キロなんてたやすいこと。少しずつ走る距離を伸ばしていったら、フルマラソンにだって挑戦できるようになるかもしれない。

最初は大変な思いをしたとしても、継続して取り組むうちに、いつのまにか楽をすることができているものだ。日々走り続けることで、いつの間にか遠くの地点にたどり着いていて全く違う景色を見られるように、日々努力を続ければ、当初の自分とは全く違う自分に出会うことができる。

走り続けることで心も体もいい方向に向かうように、**努力を続けていると何らかの副産物がある**。それはおつりのように幸せをもたらすもの。どんな形で返ってくるのかは、あなた次第だ。

蛙の子は蛙、蛙の友達も蛙

人は誰かの背中を見て育つもの
人は誰かを愛し育つもの
人生は「人と生きる」と書く
近くにいる人で
あなたの成長や人格、人生観は大きく変わるよ

人間は、その身を置く環境によって大きく変わる。暴走族の友達と一緒にいたら自分も暴走族になり、目つきも顔つきも服装も変わる。カップルも顔つきや雰囲気が似てくるし、飼い主と飼い犬でさえも似てくるものだ。

そのため、俺は相手の「人となり」を知りたいときは、その人の友達を見るようにしている。友達は、その人と似たような感覚を持っている人や、同じくらいの収入を得ている人が集まるもの。仲が良い5人の平均が、その人の性格や収入になると思う。だから、**誰と過ごすかで人生は大きく変わってしまう**のだ。

もし、今あなたがもっと高みを目指したい、人生を変えたいと思っているのであれば、「こうなりたい」と思える素敵な人の近くに行くべきだ。すぐにその人のようになるのは無理かもしれないが、一緒に過ごしているうちに少しずつその人に近づける。

そして俺は、目指すべき人に年齢は関係ないと思っている。人の能力を吸収する努力をするから、成長するスピードも速くなるだろう。

だから、今周りにいる人たちは、自分とイコールであると言っても過言ではない。一緒にいて上を目指せるような人がいるのであれば、仲良くなって行動を共にさせてもらおう。

人は自分が知らないことを簡単に信じてしまう
何を信じるかじゃなく誰の言葉を信じるかが重要

人は、自分がよく知らない分野のことを簡単に信じてしまうものだ。例えば、有名人のAさんと親しい人から、「Aさんて、隠し子がいるんだよ」と言われたら、自分がAさんのことをよく知らないが故に根拠もなく信じてしまうのではないだろうか。

それが本当なのか嘘なのかは、実際に当人に聞いてみないと分からないこと。だから、**何を信じるかではなくて、誰の言葉を信じるか**という方が実は大切だ。

最近では、インフルエンサーがいろいろな商品を「私はこの化粧品を使っています」などと宣伝している。その人のファンだったら、「同じ商品を使ったら、私も○○さんみたいになれるかも!」と、成分もよく知らないのにその商品を買いたくなる人は多いと思う。そういった気持ちも分からなくはないが、あなたは、その人の信用できる部分を見てその商品にひかれているだけ。だから、本当にいい商品なのかを判断するには、商品そのものと、販売会社を調べた方がいい。

こういう視点から物事を考察していくと、信用がいかに大切なのか測ることができる。「物を売りたいのなら、先に信用を売っておきなさい」とは、非常に的を射た教訓だと思う。

挑戦せずに無理と決め付けるな

世の中に絶対なんて言葉は存在しない
「絶対無理！」
そんな言葉は吐くな
その時点で可能性がゼロになる

何かに挑戦しようとするとき、「絶対無理」「絶対やめた方がいい」と決め付ける人がいる。あなたは神様か何かですか？　世の中に〝不可能〟はない。とにかくトライしてみることで、結果は変わってくるものだ。**挑戦もせずに「絶対無理」と決め付けるなんてもったいない。**

もしかすると、「絶対無理」と決め付ける人は、1万通り試してみて1万回失敗したから、善意で言ってくれているのかもしれない。でも、1万1回目で成功するかもしれないし、その人はできなかったがあなたは1回目で成功してしまうかもしれない。それは誰にも分からないことだ。何もやらないうちから「絶対無理」と言うのはただの思い込みだ。

だから俺は、「絶対無理」と言う人は成長できないと思っている。無理だと決め付けた時点で、可能性がゼロになるからだ。

テレビを作った人も、携帯電話を作った人も、最初は周囲から「絶対無理」だと思われたはず。それでも逆境に立ち向かい行動に移した結果、今では実現している。

俺も周りから「絶対無理だよ」と言われ続けても、挑戦してきた。だから今があるのだと確信している。

自分の常識を人に押し付けない

人それぞれ　色も違えば器の大きさも違う
自分の想像と人の創造もまた違う
自分の物差しだけで物事を測るな
相手の目線に合わせて話ができる人は素敵だよ

自分の物差しだけで物事を測り、それを人に当てはめようとするのではなく、相手の価値観をしっかり把握した上でその人と接するべきだ。なぜなら、自分と同じものを持っている人は一人もいないから。

自分の常識と他人の常識は違うし、物事を受け止める器の大きさも、感じ方も違う。育った環境や経験、性格、想像力、センス、顔、体格……など、挙げればきりがないほど、その人を構成する要素は自分と異なるものだ。

例えば、ちょっと仕事を振っただけでパンクする人もいれば、たくさん仕事を振っても余裕な人もいる。だから、「俺がこれだけやっているんだから、あなたも同じだけやってよ」と、そこで同じものを求めるな。

だから**誰かと話をするときは、その人の目線に合わせるべき**だ。小学生には小学生の目線で、社会人には社会人の目線で、そして、目上の人には目上の人の目線に合わせて話す。「みんな俺に合わせてよ」と、自分勝手な目線で生きている人ははっきり言って**かなりダサい**。世の中にはいろいろな人がいることを知って、相手の目線に合わせて話ができるようになれば、きっと素敵な世の中になるだろう。

世の中に意味のないことなんて存在しない

意味は自分で作るもの
意味がないって決め付けるダサい人になるな
どんな経験でもすべて意味あるものに変えろ
意味のないことなんて何ひとつ存在しない
「すごい人」はすべてに意味を見出せる

よく、「この時間、意味なかったね」などと言う人がいる。一見ムダな時間だったように感じたとしても、俺は「あなたの能力がなかったから、意味を見つけられなかったんじゃない?」と思う。

「意味がなかった」と言っている時点で、その時間を他人に委ねすぎだ。意味のない時間だと感じているのであれば、自分からパフォーマンス(行動)をして、意味付けできるようコントロールすればいいだけの話。そうすれば、「あの人の話を聞いてよかった」「あの会は楽しかったね」という時間に変えることができる。

それなのに、ただ「意味がない」と不平不満を言っているということは、自分が意味のない存在であったと証明しているようなもの。つまり、**どんな経験でも意味を見出せる自分になることが重要**なのだ。

自分が「意味がない」と感じた時間は、おそらく相手も同じように思っているはず。だから、相手がどんな人であれ、その人のためを思って動けるようになれば信頼を得ることができる。そうすれば、相手もあなたと過ごす、すべての時間に対して意味を感じられるはずだ。

空気を読みすぎるな
本物の空気になるよ？

春木開くん主催の「カイサロン」に初めて参加した際、初対面の人ばかりだったので、俺はその場の空気を読もうと大人しくしていた。その結果、一次会は何もせず終わってしまった。このままでは参加した意味がなくなってしまうと思い、次は少し話してみようと二次会にも参加。二次会では仲が良い先輩をいじりながら周りと話し、盛り上がることができた。

あのまま空気を読み続けていたら、本当にただの空気で終わってしまっていたと思う。自分で空気の流れを変えられたからこそ、日本全国に1000人近くメンバーがいる中、関東圏で名が通るようになり、今や「幹部になってほしい」と言われるまでになった。ありがたいことに、誕生日を祝ってくれたり、慕ってくれたりする人も増えたが、あの時動かなかったら一生存在を知られないままだったかもしれない。

せっかく何かの集まりに参加するならば、**空気にならず、目立って自分を知ってもらった方がいい**。自分で自分の存在価値をアピールしたときに、初めて周りの人にも自分が存在する意味が生まれてくるものだから。

経験は大きな財産

食べてみないと分からない
やってみないと分からない
分からないことだらけの人間よりも
知識や経験が豊富な人の方がいい

食わず嫌いで避けていた食べ物が、食べてみたら案外おいしかったという経験はみんなにもあるだろう。実際に食べて味わってみるのと、ただ見ているだけでは大違いだからだ。

それと同じように、何事も挑戦してみないと自分に合っているか否かを知ることはできない。

例えば、高所恐怖症で、「スカイダイビングなんて絶対やりたくない」と思っていたのに、やってみたらすごく爽快でまた飛んでみたくなった、ということが起こるかもしれない。苦手だと思っていた人も、話してみたら意気投合して好きになった、なんてことは珍しくはない。だから、どんなことにも挑戦してみる方が絶対にいい。

仮に合わなかったとしても、自分の嫌いなものを見つけられたという意味で、一つ自分を知ったことになる。そういう一つひとつの経験が自分の器を大きくしていく。大は小を兼ねるというように、器もアソコも小さいよりは大きい方がいいのだ。はあ？（笑）

後に広がる信頼関係を考えて行動しろ

目先の損得や目先のお金ばかり求める人は損をする
稼ぐことも大事だけど
もっともっと上を目指したいなら信用を稼げ
いくらお金を持っていても信用や能力がない人に
人は集まらない

誰かと二人で居酒屋に行ったとき、大きい唐揚げと小さい唐揚げが一つずつ残ったとする。何も言わずに大きい方の唐揚げを食べてしまう人と、「大きい方食べなよ」と譲ってくれる人、どちらと飲みに行きたいだろうか？

俺は唐揚げが食べたいかどうかは関係なく、迷わず後者の人と行く。後者の人の方が思いやりがあって、信用できるからだ。

この例に限らず、後先考えずに、目先の得にすぐ手を付ける人が多いように思う。目の前のおいしそうな大きい唐揚げを食べることよりも、譲ることで生まれる信用の方が大切だし、そこからこの先つながる人脈などを広げてお金を稼いでいった方がよほど得をする。要するに、目の前の唐揚げを食べることに必死な人は、考えが浅く、拡大するチャンスも逃してしまっているということだ。

周りのみんなが何を考えているのか、何をほしがっているのかを常に考える余裕を持てば、自然と思いやりのある行動をとることができるようになる。

自分のことしか考えず、自分勝手な行動ばかりとってしまう人にはならないように気を付けよう。

弱い奴ほど人を責める

人を責めるより人を褒めなさい
自分を責めるより自分を褒めなさい
たったそれだけで人生は豊かになるよ
批判ばかりの奴より
余裕がある人の方がカッコいい

一緒に過ごしたり、ご飯に行ったりしている人が、人の批判や悪口ばかり言っていて疲れてしまうことがある。ネガティブな言葉を並べるのではなく、「今日○○さんとご飯食べたんだけど、あの人すごいわ」などと前向きな話をしてくれる人の方が一緒にいて楽しい。

また、たまたま知り合った女性が「私、ブスで自信ないんです」と言ったとする。そんな時、「確かにブスだよね」と同調したら、彼女やその周りの子から「あいつは、あの子のことをブスって言った人だ」とネガティブなイメージが付いて終わってしまう。そこでいいところを見つけて話してあげられたら、たとえ一瞬でもその女性の気持ちを幸せにできるのではないだろうか。

会話をする際に、相手を下げず、上げていくことで、その人も自分を上げてくれる可能性が生まれる。反対に、人を蹴落としたら自分も蹴落とされる可能性もある。だから、たとえ些細なことでも、褒めてあげることが相手にも自分にもプラスに働くのだ。

敵を作るより味方を増やした方がいいし、人を蹴落とすような考えをする人間はカッコ悪い。人を褒める余裕を持とう。

勲章やトロフィーだけ集めても何の役にも立たない

財産を失うことや地位と名誉を失うことよりも
生きていく中で最も失って困るものは能力と脳力

仕事は、何も分からない状態から上司に教わって、だんだんできるようになる。同じように、何事も最初はゼロからスタートするものだ。部下が入社してきて、今度は自分が同じように教える……ということを繰り返しているうちに、気付いたらその部署やチームのトップになっている。それはあなたに能力があるから得られた〝立場〟という成果だ。

能力さえあれば、たとえ今働いている会社が潰れてしまっても、貯金がゼロになってしまっても、借金を作ってしまっても、また稼ぐことができる。なぜなら、お金が無くなっただけで、〝脳力〟が衰えたわけではないから。稼ぐためのノウハウを脳が覚えている以上、脳力も実力のうち。自分という存在は変わらないはずだ。

能力が変わらず、脳力を失わなければ、また同じように展開するだけで、人生を取り戻すことは容易にできるはずだ。

大切なのは、過去の栄光より今ある能力と脳力。今まで積み上げてきた物質的なものをすべて失ってしまったとき、地位とか名誉とか「俺は社長だった」とか、そんなものは何の役にも立たない。

三日坊主では何事も成し遂げることはできない

覚悟は誰でもできる　甘えるな
一瞬のやる気なんて誰でも持てる
継続する覚悟を深く認識できている奴だけが
幹部として結果を出せるんじゃないかな

ダイエットを始めようと覚悟を決めたとき、真剣に宣言する人がいる。しかし、日を追うごとにやる気を失い、ダイエットをやめてしまう。語学を勉強しようと、単語を一日10個ずつ覚えると決意したのに、面倒くさくてやらなくなってしまう……。こうして何事も続かない人がたくさんいる。

瞬発的なやる気ならば、誰でも持てる。大切なのは継続すること。少しずつやる気が減退してきたときに、誘惑を断ち切り甘えを捨てて、意思を貫き通す。そんな覚悟ができる人間だけが、結果を出せるのだ。

確かにモチベーションを保つのは難しく、凡人ほど途中で挫折するものだ。反対に出世する人は継続して努力を重ねることができるので、店長、主任、マネージャー……と、どんどん立場が上がっていく。

今、社会全体で個々のリーダーシップが求められている。気の弱い社長や幹部がいないように、立場ある人はメンタルコントロールが上手い。そういう意味でも、やる気や覚悟を持ち続けられる人でないと幹部を任せるのは難しいし、結果を出すことも難しいのだ。

先人たちの教えのおかげで今がある

偉くなっても偉ぶるな
立場や収入が上がった分腰は低くしろ
過信はするな　上には上がいる
周りに助けられて今が必ずある
感謝を忘れないこと

出世して偉くなったように思っても、それは井の中の蛙《かわず》にすぎない。広い世の中には、もっとすごい人はたくさんいるから、決して天狗になってはならない。

俺は自分が腕っぷしが強い方だと過信していた。ある日、腕相撲の世界チャンピオンと戦う機会があった。俺はいい勝負ができるだろうと思い、挑戦させてもらったところ、なんと、チャンピオンの腕は微動だにしなかった……。そのとき、自分が強いと思っていたことが急に恥ずかしくなり、謙虚でいることの大切さを知った。

自分よりも上を行く人というのは、いつでも、どのレベルに達しても存在するものだ。そういった先駆者がいて土台を作ってくれ、いろいろと教えてくれて、助けてくれたからこそ今の自分の立場があることを忘れてはいけない。

俺は、教えてくれた人の技術や立場を超えることが、恩返しになると思っている。だから、後輩の役目は、感謝の気持ちを持ってどんどん先人たちを追い抜くことだ。

ただ、立場や収入が上がったとしても、その分**腰は低くして、謙虚さを忘れない**ように。「全部俺のおかげだ」なんて態度はダサいし、偉ぶるのは１００年早い。評価は周りの人がするものだから。

小物と大物と本物の明らかな差

目先の利益を求める奴は小物
大物は未来永劫《えいごう》の利益を考える
本物は相手の幸せしか考えない

前述の唐揚げの話のように、**目先の利益だけを求める人は結果的に損をする。**

キャバクラで「社長からです」とフルーツ盛りを出したとき、「ありがとうございます」と言って、ただ食べて帰る人はあまりいない。「サービスしてもらったし、じゃあシャンパン1本入れようか」という流れになるのが大人の流儀だ。

しかし、目先の利益しか頭にない人は「フルーツ盛りいかがですか？　1万円です」などとゴリ押ししてしまう。するとお客様から嫌がられ、結果的にお客様がお店からも離れていってしまうことを理解していない。

フルーツ盛りをサービスすることで多少の損をしても、「あの店、サービスよかったね」と、その後再び来てくれる可能性が上がる方が、後々の展開につながってくる。「せっかくだから、またあの店に行こうよ」と思い出してくれて、何度も足を運んでもらえるような形をとった方がお店としてもうれしい。

一日に30万円使ってくれるが月に一度しか来てくれないお客様と、週3で来てくれて一日3万円使う人だったら、俺は後者の方が長い目で見ていいお客様だと思う。

目先の利益を考える人は、人が離れていってしまうもの。利益がほしいならお金よりも人としてのつながりを大事にした方が、最後は得をするのだ。

親を超えてこそ「親孝行」

親を超えることこそ俺は親孝行だと思う
立派になることは親に対しての最高の恩返し
仕事にも共通して言えること

誰もが自分の子どもには立派な人間になってもらいたいと願うもの。自分以上に我が子が幸せになってほしいから……。

若いときは親にたくさん迷惑をかけ、親不孝をしてしまったことがあるという人も多いだろう。しかし、大人になって親の気持ちが分かるようになり、自分自身も成長し、親を大切にしようという気持ちが湧いてくるものだ。そして、**何よりも親孝行なのは、親よりも立派になること**なのだ。

ここでいう「親」とは、上司や先輩など、お世話になった人も含まれる。俺の右腕は、今著しい成長を見せており、俺から見ても「やり手に育ったな」と感じるまでになった。俺としてはそんなにたくさんのことを教えたつもりはないのだが、その敏腕ぶりが誇らしい。我ながらいい仕事をしたと自負している。

あなたが成長して、尊敬している人を超えることは、その人たちにとってもうれしいこと。たとえ金銭的に楽をさせてあげられなくても、その活躍ぶりを見ることで誇りに感じてもらう。それが一番の孝行だと思う。

勝興業

Q 職場で自分より年上の部下が多いので、指示を出すのに気疲れしてしまいます。どうしたらいいですか？

A 仕事に年上も年下も関係ない。

関係あるのは年齢ではなく立場。
年齢は気にせず自分の職務をまっとうするのがすべて。

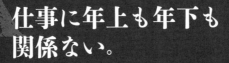

CHAPTER

4

恋愛

―大切な人は全力で愛せ

尽くすことで尽くされる

幸せとは求めるもんじゃなく
大切な人のために作るもの
溢れるぐらい幸せを与え
こぼれ落ちた幸せが少し返ってくる
そのくらいがちょうどいい

自分の幸せばかりを求める人は、幸せにはなれない。

自分自身が大切に思う人を幸せにできることが自分の幸せだと感じられるようになると、相手が喜ぶだけで心が満たされる。それで十分なのに、尽くせば尽くすほど相手も幸せの〝お返し〟をくれるから、幸せが溢れてしまう。幸せは、こぼれ落ちた分が返ってくるぐらいがちょうどいいのだ。


俺は、中学生ぐらいまでは驚くほどシャイだった。

野球部の隣で練習していた陸上部の女の子に1年以上片思いをしていたが、話すこともないまま時間だけが過ぎていった。そんなある時、その子からバレンタインチョコをもらったのだ。それを機に付き合うことになるが、目が合ったらそらす、一緒に帰るときも恥ずかしくて1メートルも距離を空けて歩く……そんな態度を取っていたら、1カ月で振られてしまった。その後にできた彼女とも長くは続かなかった。

付き合えたことがゴールではなく、そこから相手を思いやった行動ができていれば、初めてできた彼女を傷つけることはなかったと思う。相手に自分の幸せを委ねるのではなく、**自分から幸せを与えられるようになろう**。

大切なことほど自分で確認すること

**自分の目で見たモノだけ信じろ
噂だけで判断する馬鹿にだけはなるな
悪い噂が立つ人の方が実は良い人だったりする**

高校を2日で退学してからは出会いもなく、仕事三昧。友達から紹介されたり、合コンに誘われたりしたが、周りの人から「遊んでる人らしいから気を付けて」と噂されて女の子は寄り付かない……。実のところ、その頃の俺はキスすら未経験。現実と噂のギャップに、正直かなり焦っていた。

そんな噂があれば、女の子は「少し気になるけど、傷つきたくないからやめておこう……」と思うだろう。しかし付き合ったことのある相手なら「彼は誠実な人だよ。ケンカが多くて別れちゃったけど」などと、自分なりの視点で意見を言える。

噂というのは、実際に見たわけではないのに、なぜか信用してしまう威力があるものだ。確かに、人の話を聞いて情報収集することは有効な手段だが、**本当に知りたいことは、自分の目で見て確認するべき**だ。

俺のように、悪評が広がっている人がいるとしたら、なぜ悪く言われているのか確認してみた方がいい。モテすぎてひがまれているだけかもしれないし、お金持ちだから嫌な人だと思われているだけかもしれない。むしろ、「ホントに良い人だよ」と言われている人の方が腹黒いかもしれない。自分で確認せずに人の意見を信じて勝手に判断する人は、人生の半分ぐらい損していると思った方がいい。

陰口は自身の評価を下げる

人の邪魔をして生きるのではなく
人の応援をして生きるようにしろ
後者の生き方の方が人生楽しくなるよ

今まで生きてきて、「あの人はやめた方がいい」と、根拠なく友達に言ってしまったことが一度くらいはあるのではないだろうか。

友達が詐欺に引っかかってしまいそうだとか、命の危険がある場合は何としてでも止めた方がいい。だけど、どんな人を好きになろうが、あなたが邪魔をする権利はない。

どうしても忠告したいときは、応援するスタンスを取ること。「あの人と付き合うことにしたの？　よかったね」と言って、「よくない噂があるから気を付けてね」くらいにとどめておいた方がいい。やめろやめろと何度も言ってくる人よりも、応援してくれる人の方がいいし、あまりにも反対していると「毎回否定されるしな……」と、友達のあなたにも相談しなくなる。

人生は、その人の価値観と責任で進んでいるのだから、他人が口出しすることではない。**他人の俺たちができるのは、応援して支えてあげることだけ**。大好きな人が選んだ道を見守ってあげよう。

キャバクラやバーの仕事を始めて、女性との接点が格段に増えた。女性との付き合い方も分かってきたころ、今の嫁と出会うことになる。

事件があったときに人は言う

「すごくおとなしい子で
こんなことをするような人じゃないと思ってた……」

やると思ってました!!って奴いなくない?
見た目で判断する奴は損をする
人は見かけによらないとはこのこと

俺はバーの営業中にお客さんに連れ出され、外に飲みに行くことがよくあった。その時に行ったお店で働いていたいた子が今の嫁。「キレイな子だな」と思いつつ、特に口説くことも、頻繁にその店に行くこともなく1〜2年が過ぎていった。お互いに「何となく知っている」というくらいの間柄だったが、次第に仲良くなり交際が始まった。

嫁からすると俺は、「絶対に付き合ってはいけない種類の人間」だったらしい。嫁の友達にも、「この人だけは絶対やめとけ」とさんざん言われていたようだ。結婚して7年くらい、付き合っていた期間を入れたらもっと長く一緒にいるのに、いまだにこの話をされる。これだけ人生を共にできているのだから、嫁と嫁の友達が思っていた最初の印象と実際の俺は真逆の人間だったということになる。

だから、もし好きな人ができたときや何か新しいことを始めたいと思ったとき、**周りが反対するような人や事柄こそ、かえって積極的に進めてみる価値がある案件**なのではないかと思っている。周りの人は、本当にあなたのことを心配して止めてくれているのかもしれないが、それは常識ある人間の保守的な考え方。幸せとは、反対を押し切ったその先に待っているものなのかもしれないよ。

当たっても砕けてはいけない

誰かにできて自分にできないことなんてない
みんな同じ人間なんだからさ
自分にできてみんなにできないこともない
できるかできないかも大事だけど
挑戦することはもっと大事だよ

新しいことや難しいことを始めるにあたって、不安な気持ちが湧くのは理解できる。だけどそんなことは当たり前。どんな大物芸能人でも、大企業の経営者でも同じ人間なのだから、誰もが多少なりとも緊張しながら大舞台に挑んでいるものだ。すごい人だからって、何でも平然とやってのけているわけではない。

不安を減らすために必要なのは、場数を踏んでいくことと、自分を信用すること。

「俺ならできる！ やってみよう」という気持ちを持つことが大事だ。

自分への信用がないと、「恥かくだけだからやめておこう」と思ってしまう。例えば、好きな人に告白しようと決意したとき、周りから「あんなキレイな子、お前には似合わないよ、やめておけ」と言われたとする。それに流されて告白をやめてしまったら可能性はゼロになってしまう。しかし、そこを乗り越えて告白すれば、わずかながら可能性は生まれる。当たって砕けろ、とまでは言わないが、当たってみる価値は十分にある。そうすることで、人としても成長できるし、新たな経験もできる。

本当の魅力

モテるよりも認められる奴になれ
モテる、モテないなんて一瞬の出来事
認められることは一生の出来事

恋愛対象として「いいな」と感じる人に出会ったとしても、その人のことを「いいな」と思うその気持ちは、その瞬間の勘違いだと思っている。瞬時にそう感じるということは、その人の見た目や雰囲気がタイプだったということだ。だけど、実はその人の性格が極悪だったらどうだろうか?

一瞬見て「いい」と思った人の性格がいいかどうかなんて分からない。あなたは、その人の悪い面を見た途端に、別れたいと思うかもしれない。

一目惚れされる回数が多い人をモテると定義付けるならば、モテているのはその瞬間だけの話。実際に付き合ってみて、1年程度で別れてしまったら、もうその人とは関わりがなくなってしまう。そんな短い期間で関係が終わってしまうのであれば、**モテるよりも人として認められた方がいい**というのが俺の考えだ。

自分の存在を認めてもらえるようになると、性別を問わず、人として一生付き合っていきたいと思ってもらえる。さらに、恋愛対象としてではなく、友達や仕事仲間としてモテることにもつながる。その方が人生の広がり方も変わるし、10年後につながっている人や信頼もたくさん増えるのではないだろうか。

親のピンチに子どもは舞い降りてくる

ピンチはチャンスという言葉がある
トラブルを解決する力を付けられる
それをチャンスと言う
チャンスは待つな　取りに行け

俺は恋愛よりも仕事を一番に考えているような男なので、仕事に対して口を出してくる人は好きではない。仕事の悩みも相談しないし、仕事を家に持ち帰らない主義だ。嫁は俺のスタンスに理解がある上に、考え方もサバサバしていて結構男らしい。それが決め手で「この子とは結婚できるな」と思った。家に帰ってからストレスがたまるような子とは結婚できないし、好きなだけではダメなことはたくさんある。

嫁は社長になれるような感性の持ち主。尊敬しているし、結婚できて本当によかったと思っている。

実は結婚して6年ほど子どもができなかった。嫁は「不妊治療をしたい」と言っていたが、俺は「そんなのやらなくていい、できるときにできるから」と言い続けた。

コロナで店の経営が危うくなり、金銭面で少しケンカになった。せっかく金沢まで来たのに超険悪ムード。しかし、人間というものは、ケンカ中や別れようと思っているとき、心身ともに弱っているときなどに子孫を残そうとする力が働くらしい。周りにも、別れようと思っていたのに妊娠して結婚したカップルがたくさんいる。

最愛の娘・寿鳳《ことり》も、金沢でケンカしたときにできた子だ。親の別れの危機を見ていたのかもしれない。

優しい人ほど情に流され
正解が分かっているはずなのにダメな道を選ぶ
尊敬できる人と生きなさい
情なんてもんは時間が解決してくれる
情で逃げれば幸せも必ず逃げていくよ

ある女性の恋愛相談を受けたときのこと。「親をバカにしてくるような男性と付き合っていて、別れたいけど別れてしまったら一人になる。それがさびしいから別れられない」と言うのだ。

俺は、「そんな人とはすぐに別れた方がいい」と伝えた。ところがその子は、「優しいところもあるし……」「長く付き合っていたから……」と言い訳をして、その男との関係を断とうとしなかった。

優しい人は世の中に腐るほどいる。だから、情に流され、時間をムダにしないでほしい。互いに尊敬できる人と付き合うべきだし、つらい時間より幸せが長い時間続く方がいいよね。

確かに別れはつらい。しかし、我慢して現実と向き合わないと、運も幸せも逃げていってしまうものだ。どうしてもダメ男と付き合い続けたいのであれば、ダメなところを叩き直すか、自分が相当強くなるしかない。そのくらいの覚悟を持っていれば、幸せになるチャンスは訪れるはずだ。

こんな相談を受けることは多いが、「決めるのは自分。最後に好きな道を自分で選びな」と必ず伝えるようにしている。幸せになれる選択をしよう。

失敗は一つの大切な財産

「もうダメだ、すべてを失った」
何言ってんの？　気合が足りない
失ったときこそ新しいものが手に入るチャンスだよ
決して悩むな　考えろ

「恋人に振られた、もうダメだ……」と嘆くより、「新しい恋愛ができるチャンスだ！」と考えろ。確かに恋人との別れはショックだが、**世の中には星の数ほど人がいるから、すべてを失うということは絶対にありえない。**

かばんの中身がパンパンに詰まっているとき、何かを取り出さないと他のものを入れることはできない。それと同じように、何かを失うから新しいものを入れることができるようになる。恋人と別れたから新しい人と付き合えるし、会社をクビになったから別の会社に就職できるのだ。

それだと一見、何かを失った代償に何かを得ているように思え、プラスマイナスゼロだと感じる人もいるだろう。ただ、恋人との別れやリストラは、経験値として確実にプラスになっている。たとえその出来事が、友達全員に裏切られたとか、有り金すべてを失ったというようなひどいものでも、そんな経験さえ大きなプラスだ。

だから、**恋人と別れても「別れてくれてありがとう」と、むしろ感謝するくらい前向きに捉えよう。**いつまでも悩んでいれば解決するならいくらでも悩めばいい。だが、自分の将来を真剣に考えることで次の幸せにつながっていくものだ。次はどんな人と付き合いたいのか？　何をしたいのか？　未来に気を向けることが得策だ。

信じて頼れ【信頼】
その人のために死ねる熱い愛よりも
その人のために生きたいと思える愛にしろ

ドラマや映画で「俺はあいつのためなら死ねる!!」というセリフが出てくる。もしかしたら、現実世界にもそのように思っている人がいるかもしれないが、一体、何回死ねば気が済むのかと思う。大体、そんなに簡単に死なれたら、皆さんを育ててくれたご両親がかわいそうだと思わないのだろうか。

「お前のためなら死ねる」と言われても、相手からしたら「いやいや、そんなことで死なないで一緒に生きてよ」と思うはず。それほどまでに思える相手と出会えたならば、これからは「**あなたのために生きたい**」という言い方に変えてみよう。全身全霊、命が尽きるまで、その人のために自分が信じた愛を貫ける方がカッコいい。現代の日本に住んでいたら、「愛する人のために死ぬ」というシチュエーションはそうそうやってこないが……。

信じて頼ると書いて「信頼」。信頼とは、いつもそばにいて一緒に生きて、喜びを分かち困難を乗り越えていくことでしか育まれないものだ。どうか、愛の方向を履き違えずに、いつまでも末永く愛する人のために生きよう。そのための死に物狂いの努力ならば正しい愛の形だと言えるだろう。

喜びの量と悲しみの量は等しい

泣きたいくらいつらいことは
この先に訪れる泣きたいくらい幸せなことのために起こる

悲しい出来事があったときは、この世の終わりかと思うほどその出来事に心がのみ込まれてしまうけど、悲しい出来事があった後は必ずいいことが待っている。……とは言い切れないのが人生だ。

ただ、いいことが待っていると思っていた方がポジティブでいられるし、つらくても歯を食いしばって乗り切ることができる。どんなに悲しい出来事でも、それはこの世で自分しか味わうことのできない唯一無二の感情。同じ出来事だったとしても感じ方は人それぞれで、全く同じように感じる人はいない。だから、嫌な出来事だと感じても、実はものすごい経験をしているのだ。

泣くほどつらいことは、パワーアップするための試練。そう考えることができれば、つらいことも一つの経験であると捉えられるのではないだろうか。

とにかく悲しいときは思いきり泣いて、その後はくよくよせず、次は幸せな涙を流せるように備えておこう。思いきり泣いた分、思いきり笑顔になれるような出来事がきっと訪れるはずだよ。

悩んでいる時間はムダ

後悔するな、〝後改〟しろ
悩んで下を向くな、考えて上を向け
後悔はするな、反省はたくさんしろ
ネガティブに過去ばかり気にする者は前者
ポジティブに未来のために歯を食いしばれるのが後者
たった少しのことで人生は大きく変わる

悩んでいるときというのは、頭は働いていてもポジティブな思考はストップしている。一方、考えているときは思考が常に動いている。だから、たとえいいアイデアが浮かばなくても、少なくとも前に進んでいることになる。

悩みで頭がいっぱいでグルグルしているだけの状態よりも、どうしたらいいかを考えている方がポジティブ。試行錯誤している分、人生は大きく変わっていくものだ。

「取り返しのつかないことをした……」「どうしてあんなことを言ってしまったんだろう……」と思う場合は、後悔ではなく〝**後改**〟しよう。「後で悔やむ」のではなく「後で改める」ようにすればいい。ただ悔やんで時間を過ごすよりも、**「今度はこうしてみよう」と自分のやり方や言動を改めていく方が未来につながる**のだ。

悔やんでいる時間が多い人生なんて、はっきり言ってもったいない。

悩んで下を向く時間が長いなら、考えて上を向く時間を増やそう。なぜならば、下を向いているときは地面しか見えないが、上を向けば空が広がっていることに気付ける。そうすると気持ちが晴れて、改善策や新しいアイデアが浮かぶはず。

「明日死ぬ」と思って生きよう

今ある当たり前の環境は当たり前じゃない
あなたの大切な家族　あなたの大切な人
いついなくなるかなんて誰にも分からない
だから明日世界が終わってもいいよう
やっておけばよかった　伝えておけばよかった
そんなことが無いよう　毎日大切に生きよう

どんな時代でも、病気や事故に遭う可能性はいつだってある。ここ数年は特に、新型コロナの流行やロシアのウクライナ侵攻などがあって、今ある日常は当たり前ではないと考え始めた。いつ、何が起きるか分からない世の中だからこそ、たとえ明日世界が終わっても後悔しないような毎日を生きるべきだ。

例えば、来月プロポーズしようと考えている人は、なぜ今できないのだろうか？考えている間に恋人が自分ではない相手と出会ってしまうかもしれないし、日本が沈没するかもしれない。そんな可能性がないとは言い切れないだろう。準備が必要なものなら、しっかりと準備してから取り組む方が賢明だが、今すぐできることを**後回しにすることで得られるメリットなんて一つもない**。

死ぬ間際に、やり残したことを思い出して後悔するなんていうことは絶対に避けたい。だから、俺は毎日「明日の朝9時に死ぬ」という覚悟を持って生きている。

そうすることで、今日やりたかったのにできなかった、食べたかったのに食べられなかった、という取りこぼしが無くなる。今日を満足して眠れるし、人生に思い残したことがない状態で明日を迎えることができる。ちょっと大袈裟だけどね。

カッコつけるな、本物はカッコついてしまうもの

カッコつけて周りによく思われようと生きるな
自然にカッコよく
自然に周りに認められる
そんな生き方を

周りによく思われたくてカッコつけて生きている人がたくさんいる。ただ、「自然体でカッコいい人」と「周りによく思われたくてカッコつけている人」とでは残念ながら大違いだ。

取り繕《つくろ》って、自分の本心ではない言葉を発しているならば、無理してカッコつけすぎだ。その状態で好かれても、それは自分の本質を好かれているわけではない。**本当にカッコいい人は、口数が少なくてもカッコいいから飾る必要がない**。カッコつけていることを見破られるのは照れるよね。だから自然な感じが一番いい。そのナチュラルさはあなたしか出すことのできない魅力だ。

やりたいことをしっかりと行動に移している人は、自然とカッコよく見えるもの。だが、ビビって何もできない人は自分に自信がないから、無理矢理カッコつけて武装するしかないのだろう。

そんな人でも、自分で決めたことは有言実行しろ。弱い者を守る、強い者に立ち向かう、難しいことに挑む、困難から逃げることをやめて、男として、女として、自分の信念をしっかり貫き通せる人になれば、唯一無二のカッコよさを身に付けることができるようになる。

Q 成功するために「これは必要だ」と思うことは何ですか？

A 誰にも負けない得意とするもの、特化しているものを1つでいいから作ることが大事。

俺は勉強は平均以下。その代わり、人をひきつける力や人を引っ張っていく能力が高い。

そして好きなものをとことんやるから、好きなものに関しては誰よりも優れていると思う。

優れているものがたくさんあることがもちろん理想だが、**パーフェクトになる必要はない。**

誰にも負けない自分の武器を作ることで評価も上がりやすくなり、得意とするものを職業にすることで成功しやすくもなる。

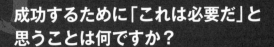

CHAPTER 5

意志

——20代は無我夢中で生きたモン勝ち

大切なのは今、未来は今で作られる

過去にこだわるな　未来にこだわれ
過去は変えられないが未来は変えられる

今こうしている間に、1分1秒と時が流れ、あっという間に〝今〟は過去に流れていってしまう。「あ」と一言発したら、その言葉はもう既に過去のものだ。

過去の積み重ねで未来が作られているのだから、過去にこだわりすぎて今や未来をなおざりにしてはいけない。「昔、有名人の○○とつるんでいた」「俺は昔、1億円稼いでいた」などと言っていても、今はもう、その有名人とは縁が切れていて、過去よりも今の収入の方が落ちていたら、ただの残念な人だ。

どうせ痛い人になるなら、大きな未来を語る痛い人になった方がまだいい。周囲に実現が難しそうな夢を語ったとしても、その未来を作るために今必死に考え、本当に夢を叶えられたら、痛い人間にはならないし、希望を語る人はカッコいい。

どうしても過去にこだわりたいのであれば、「過去に頑張っていたから、今がある」という方向にベクトルを向けるべきだ。俺も過去に努力したことで、会社がある程度大きくなり、今がある。**今を頑張るからこそ、人生は楽しい**。たとえ過去に栄光があったとしても、大切なのは今と、これから作り出す未来なのだ。「武勇伝」を語るのはまだ早い。

「心」から「意」のままに「気」持ちで動け
生きる上で最も必要なのは心意気

会話をしているときに、「心」がこもっていないと感じることがある。何事も「心」がある人と関わりたいと思うし、装っている人よりも「意」のままに、自然に接してくれる人の方が付き合いやすい。また、「気」まずい感じの人よりも、「気」持ち良く接してくれる人の方が素敵だ。

この**「心意気」がまっすぐな人は周りから認められて、何事も上手くいくもの**だと思う。年齢を重ねるほど、どうしてこんなに頭が固いんだろう？と不思議なほどひねくれている人もいるが、ありのままに生きていない人ほど性格がこじれてしまうのだと思う。例えば、『ドラゴンボール』のフリーザは悪事ばかり企んでいるから、脇役しか務めることができない。一方、主人公の孫悟空《そんごくう》は、まっすぐ生きていて、企むということを知らないような無垢なキャラクター。だからこそ周りから認められて物語の主人公になることができたのだろう。

俺もガキのまま大人になってしまったような人間だから、何かを企むことなんて面倒くさくて到底できない。言ってしまえばバカ丸出しなのだが、そんな人の方が心意気を感じるし、信用できると思う。

みんな一緒

雲の上の存在　そんな人はいない
みんな地上を歩いている同じ人間
すごい人になるか　すごい人だなと思う側になるか？
そんなことはどっちでもいい
幸せになる権利はみんな平等にある

俺は、ＳＮＳを始めてからさまざまなつながりが増え、有名人の知り合いもできた。そのことを気にしているのか、最近では懐かしい人と飲みに行くと、口を揃えて俺に「すごい存在になっちゃったね」「雲の上の存在だね」などと言うようになった。

有名になることや出世することは、実は人生においてそこまで重要ではない。どれだけすごく見える人でも、ただ真摯《しんし》にその人の人生を歩いているだけ。実際はどんな人生でも楽しんだもの勝ちなのだ。

確かに有名人やインフルエンサーは、何かしらずば抜けているのかもしれない。ただ、勝手に周りがその人のことをすごいと思っているだけで、中身は同じ「人間」。だから、気にする必要はない。

今の時代、誰でも自分のメディアを持てるのだから、やろうと思えば注目されるチャンスは平等に与えられている。俺は機械関係に弱く、ＳＮＳの投稿も頻繁にはできないが、こんな俺でも数万人のフォロワーさんがいて、日々支えてもらっている。

本当に、やるかやらないか、ただそれだけだ。

後悔の無い生き方を

我慢はいつか後悔になる
やりたいことはすべて挑戦しよう

あの時、あの場所に行っておけばよかった、あの服を買っておけばよかった、生きていればそんな後悔はいくらでもあると思う。生まれてから死ぬまで「やりたいこと」が1万個あるとしたら、我慢して5000個しかやらなかった人と、1万個全部やりきった人だったら、後者の方がいい人生だというのが俺の考え。

世間の目や常識のせいで、我慢してできなかったことはたくさんあると思うが、法律は守った上で、自分の責任でやる分には何でもやってみるべきだと俺は思う。好きな食べ物を最後まで取っておいたとしても、兄弟や友達にとられてしまうかもしれないし、5秒後に死んでしまうかもしれない。だからこそ後悔をしないように、とにかくやりたいことはさっさとやろう。

「歳だからできない」などと言い出す人も出てくるだろう。だが、体が動くうちは年齢に関係なく何でもやってみるべきだ。

25歳が20歳を「若くていいなぁ」と思っていたとしても、30歳の人からしたら25歳も十分若い。何歳からでも遅くはないから、今すぐやってみたかったことに挑んでほしい。

魅力に年齢は関係ない

尊敬できる人に年上も年下も関係ない
年上だから偉い？　それは中高生の考え
俺は0歳からでもありがたく学ぶ
尊敬とは年齢でするもんじゃない

中高生だったら、「俺の方が1歳上だから偉いだろ」という先輩風を吹かすものだが、大人になって年齢の差ぐらいで威張り散らしたりするのは器が小さすぎる。

俺は20歳を超えたあたりから60歳ぐらいまでの人たちはみんな同じだと思っている。学校生活が終わったらもう上も下も関係ない。

10歳でも20歳でも、60歳でもすごいと思える人はいる。小さい子どもの無垢な振舞いは大人になるとできなくなる人が多いから、たとえ赤ちゃんでも学ぶところはたくさんある。その人に魅力があるかどうかは年齢に関係なく、その人がこれまでどう生きてきたかによって決まってくるもの。

俺が年齢に関係なくすごいと思うのは、行動が早い人と、圧倒的に礼儀正しい人。継続力と決断力のある人は、きちんと結果を出していることが多い。最近は礼儀正しい人が少なくなってきているから、少し礼儀正しくするだけで評価されてかわいがられるのではないだろうか。

つまり、**尊敬とは年齢でするものではなく、〝人となり〟でするもの**なのだ。

運を味方にする方法
運とは勢いで運ぶモノ
運が良くないときは運動しろ　運を動かせ

運勢は、「勢いで運ぶ」と書く。運がない人は勢いがないが、勢いがある人はその勢いでさらに運を運んでくることができるものだ。

運気を上げたいならば、気合で運を運び込め。それでも、運が悪いと感じるときは「運動」しよう。体を動かすことで、運を動かすことができるからだ。運が悪いからといって、「俺って運が悪いなあ」と言っていても何も変わらない。だから、体や脳みそを動かして、**勢いを付けて乗り越えていこう。**

そうは言っても、生きている間ずっと運がいい人はいないし、ずっと悪い人もいない。あまり運がなくても、実力だけで乗り越えていける人もいれば、実力はないのに、運だけで乗り越えている人もいる。実力も運もダブルで持ち合わせている人が一番いいけれど、そうでない場合、運を上手く使って進んでいくしかない。

「人は運が悪いときに動きたがる。だが、運がいいときはその状態に満足してしまって動かない。本当は運が良く、調子がいいときにこそ、大きなことに挑戦してみるべきなのだ」。これは神主さんが言っていた話だ。だから、運がないと感じるときは、一度仕事の手を休めて、何か好きな運動をやってみるといい。感覚が切り変わって、運気も変わっていくだろう。

やらないのは本気じゃないから

勇気・やる気・本気　この３つを持て
そしたら大体のことはできるはずだよ
素直さは成長になり、行動力は結果になる
一度きりの人生　ガムシャラに生きろ

勇気がないからできない、やる気が起きないから動かない、だから何事も上手くいかない……などと言っているうちは本気ではない。

「勇気・やる気・本気」の3つの「気」が揃っていれば、大体のことはできるはず。

勇気があれば挑戦できるし、やる気があれば原動力になるし、本気であれば諦めない。だから、「どうしてもできない」と思っているときは、3つの気のどれかが欠けてしまっているということだ。

この3つの気を発揮することもせず、やるべきこともやっていないのに、「俺はどうしたらいいでしょう?」「時間が足りない」などと言っている人をよく見る。ただ、やりたいことを明確に決めて、この3つの気を持ってガムシャラに立ち向かっていけば、大抵のことはどうにかなる。

可能性は誰にも分からないから、100人中99人に「無理だよ」と言われても、残りの1%の可能性を諦めずに続けるべきだ。一度しかない人生、せっかくなら、何事もガムシャラにやってみようよ。

柔軟さを持ち続けよう

人からもらったものは一生大事にしろ
それは物じゃなく言葉でも一緒
自分のためにくれたものはかけがえのない宝物

俺は上の歯が1本無く、その状態を何年も放置していた。そのことを自分では何とも思っていなかったのだが、ある方と一緒にお食事をした際、「こんなに礼儀も身なりもきちんとしているのに、歯が1本無いだけで間抜けに見えるし、説得力に欠けるから、歯入れた方がいいよ」と指摘された。

そんな時、多くの人は「そうですよね」と言って、その場をやり過ごしてしまうのではないだろうか。俺自身も歯が人の印象に影響するという考えも、興味もなかったから聞き流すこともできた。だが、せっかく俺のことを思って言ってくださった言葉を「聞き流す」という選択肢が俺にはなかった。その場で、「分かりました、今年中に治します」と言って歯科医院に通い始めた。

若いときほど、人の言うことなど聞かずに生きていると思う。しかしその時は気がつかなくても、後になって「あの時、あの人からこんなこと言われていたな。やっておけばよかった……」と感じる瞬間が必ずやって来る。

アドバイスをすぐ行動に移すことができる柔軟性や素直さがあれば、成長するスピードも速い。それは成功に近付くチャンスでもあるから、人からもらったものや言葉は無下にせず、死ぬまで大切にしろ。

失敗は成功に変えられる

幸せなことや不幸なことは誰にでも起こりうる
失敗をたくさん経験して強くなりなさい
失敗という経験が無いと人生を失敗する

『ドラゴンクエスト』のプレイヤーが最初から強くて、強い武器もすぐに手に入って、モンスターが全部弱かったら面白くも何ともない。それと同じように、生まれた瞬間からお金持ちの社長で、望めば何でも手に入り、人生が全部決まっていたらつまらないと感じるだろう。はじめから完璧な人生を約束されている、全知全能というのは、案外つまらないものなのだ。

人生は、幸せなことが多いに越したことはないが、つらいこともあれば、苦しいこと、面白いこと、**いろいろなことが起きてこそ楽しい人生**となる。生きている間に、大小問わず誰にでも当たり前に不幸は起こりうるし、不幸も失敗も経験しないと、人生そのものを失敗する。**失敗することで人は心を強くする**ことができるのだ。

例えば会社を立ち上げた途端、最初の商品でいきなり当たってしまい、何億円も儲けてしまったとする。でも、いきなり成功してしまったから失敗を知らず、次の商品が当たらなかったときに思考停止してしまう、というパターンに陥る会社は多い。失敗を経験することによって、失敗した人の気持ちが分かるし、頭を使うようになる。これを繰り返すことでしか、成功は見えてこないのだ。

生まれ変わっても同じ人生を歩みたい

楽して生きるな　楽しく生きろ
生まれ変わっても自分になりたい
そんな生き方をしよう

人生は一度きり。常に楽な道ばかり歩んで何の挑戦もせずに進むと、その後で苦労する人も出てきてしまうと思う。楽しく生きるためには、早いうちから努力して挑戦し、行動することによって、人生を長く楽しむことができる。

楽しく続けられるコツは、自分は何が好きなのか、何がやりたいのかを考えた上で、それを仕事にすることだ。それを全力で突き詰めていけば、自分らしい結果が必ず付いてくる。だが、なんとなくやるだけでは中途半端な結果しか出ず、楽しくもないだろう。

俺は、得意なことをやり続けたから、やりたいことをやりたいときに、やりたい人とやることができる環境を自分で作ることができた。例えば、昼食で食べたカレーがおいしかったからと、すぐに自分好みのカレー屋を部下と一緒に立ち上げることができる。そうすれば、人生はいつだって自分の描いた通りに進むのだ。

俺は若いときに大変な思いをたくさんしたからこそ、今がある。先に楽をするか、後で楽をするかと考えたときに、楽しく生きたいのであれば、若いうちから試行錯誤していろいろなことを試してみた方が断然楽しいのではないだろうか。

どうせなら、「生まれ変わっても自分になりたい」と思える人生を送ろう。

心の成長

迷ってもいい　遠回りしてもいい
どんな道でもその道は必ず学べる道になり
踏ん張って生きた分
人は根っこから成長する

「こうなりたい」というはっきりとした夢や目標があるならば、自転車で向かおうが、飛行機で向かおうが、最終的にそこにたどり着くことができれば手段は問題ではない。人によって、歩む道やスピードは違うから、**どんな道からでも必ず何かを学ぶことができるはず**だ。

ただし、何かをつかんで得ることができるのは、自分の道に真剣に向き合っている人だけ。大変なことがあっても踏ん張れた分だけ根性がつき、メンタルも最強になる。植物も人も根っこから成長するから、**真剣に向き合えば向き合うほど、経験が栄養となり、心の底から成長する**のだ。

『スラムダンク』の主人公・桜木花道《さくらぎはなみち》は、最初はバスケ初心者で下手くそだったけれど、試合を重ねるにつれ、どんどん上達していった。それは、バスケと真剣に向き合っていたからだ。心底一生懸命生きている人の行動は、ストレートに他の人の心に響く。だから俺たちも『スラムダンク』に心惹かれるのだ。

自分の信念を曲げずに、まっすぐ素直に学び、めげずに踏ん張っていれば、たどり着いた先で成長した自分に会える。少しぐらい時間がかかっても、粘って立派な根を生やすことで、健やかにゆるやかに成長しているものなのだ。

夢を叶えるのは神様じゃない

夢は寝てるときに見るもんじゃない
夢は起きてるときに叶えるもの
願いを叶えるのは神様じゃない　君自身だよ
叶うのを待つな　叶うように動け

寝ているときに見た夢は叶わない。どんなに楽しい夢でも、目が覚めてしまったらおしまい。やっぱり**夢は、起きているときに叶えなくては意味がない**。

寝ているときの夢の中では、空を飛べたり、話せないはずの英語がペラペラだったりと、不思議なものが多いが、そんなものは結局自分の実力ではない。自分の人生は妄想の中で起こっているわけではないし、神様が動いてくれるものでもない。願いを叶えたいのであれば、すべて自分で動くしかないのだ。

例えば、神様が自分の夢を全部叶えてくれたとしても、その**願い事に見合う経験値がなければ上手くいかない**のは明らかだ。仮に弁護士になれたとしても、知識がなければ仕事を続けることができない。宝くじで3億円が当たっても、お金を稼ぐ能力がなければすぐに使い切ってしまい、また神頼みをしないといけない羽目になる。

だから、能力を身に付けることもアップデートすることも、すべて自分自身でやらないと、願いが叶うことの価値がなくなってしまう。神様にお願いするのではなく、自分で自分の願いを叶えてあげる。そうしないと願いが叶っても面白い人生にはならないよ。

たまには道を外してみよう

人と同じ事が正しい
はあ？　何言ってんの？　そいつ呼んで来いよ
人と違ってもいい
人と違う事したら目立つ？　目立っていい
皆、言われた通りに生きたり
ナビ通りに動くから普通の奴で渋滞する
社長、すば抜けた人、ナンバー1を取り続けてる人
スゲー人ほど変わってる
普通の道でもいいけど
たまには変わった道を歩くのも楽しいよ

「右向け右」と言われたら、右を向くように小学校で習ったけれど、そこで右を向かない人が、大人になってから社長になる人物なんだと思う。普通の人は、「右を向かないなんてあの人は変な人だ」と言うだろう。でも、右を向くかは自分が決めるし、それが正しいか、間違っているかなんて考えは、人それぞれが違っていい。非常識で奇想天外な考え方ができないと、社長なんてやっていられないのだ。

例えば、誰も通らないようなナビに載っていない山道を走ったら、誰も知らない花に出合えるかもしれないし、他の人よりも早く目的地に着くことができるかもしれない。ナビの指示通りに行くと、みんなと同じルートを通るから大渋滞してイライラするし、スピードも出せず、なかなか目的地に着くことができない。だが、同じ境遇の人がいる安心感と、このまま行けば絶対に目的地にたどり着ける安定感があるから、正規ルートから外れることができないのだ。

ナビ通りに進むことは、人が敷いたレールを進むことと同じ。ナビを使わずに獣道を行こうとする人は、自分で人生の道を切り開いていく意思がある人だ。道なき道は危険も多いけれど、たまには違う道を通ってみるのも悪くないと思う。

夢や目標を複数持て

夢や目標は追いかけているときが一番楽しい
叶えても叶えても次の目標を作ることで
人生は何回でも楽しめる
つまらない人生より楽しい人生の方が絶対いいよね

甲子園で優勝しようという目標を掲げているとき、練習や筋トレに励み、ユニフォームを整えて迎えた試合当日が楽しさのピーク。勝敗にかかわらず、試合を終えたときには大きな脱力感に襲われ、もうその楽しさは消えてしまっている。

皆さんは、大きなイベントの当日ばかりを楽しみにしているかもしれないが、実は**夢や目標は追いかけているときが一番楽しいもの**なのだ。文化祭当日よりも教室でクラスメイトと準備している時間が楽しかった、という経験のある人も多いだろう。

そのため、たとえいつもと変わらない練習だったとしても、全力で取り組むべきだ。反対に、試合当日だけ力を出せばいいと思って練習をおざなりにしてしまえば、試合でも「おざなりにしたなりの結果」しか出すことができない。

何度目標をクリアしても、次の試練は必ずやってくる。けれども、新しい目標を作ることで、何回でも人生を楽しむことができるようになる。夢や目標を何個も持つことによって、その分達成感が得られ、ゴールまでの楽しい道のりを何回も味わえる。夢や目標をたくさん持つことが、楽しい人生を作る秘訣だ。

カッコいい自分は作れる

見栄を張るな　人のせいにするな
そんな嘘はすぐにバレる
恥ずかしい行動は恥ずかしい人生を作る
せっかく作るならカッコいい自分を作ること

上司に「あの件どうなってるんだ?」と聞かれたときに、「アイツの仕事が遅くて、まだ終わっていません」と、他人のせいにする人がいる。

俺はこういう人に魅力を感じない。自分が全く悪くなくても同じチームなのだから、「自分の責任だ」と言って同僚をかばってあげている人の方がよほどカッコいい。


誰でも思わず見栄を張ってしまうことはあると思う。その見栄は気付かれないこともあるかもしれないが、自分だけよく見せようと取り繕ってもすぐにバレる。本物の目を持った人が見れば、そのメッキはすぐに剥がされてしまうものだ。

見栄を張ることも人のせいにすることも、すべて自分の価値を落とす行為でしかない。残念ながら、このことに気付いていない人は案外多い。恥ずかしい行動が恥ずかしい人生を作るということを知らないのだろう。

もし誰かのせいにしたいなら、本人の目の前で言ってみるべきだ。本人の目の前で言えばフェアだし、それはもはや悪口ではない。責任ある発言をしていくことで、まっすぐなカッコいい人生が手に入る。

失敗はポジティブに捉えろ

失敗を悔やむんじゃなく失敗を楽しめ
何事も捉え方一つで結果や人生は大きく変わるよ

K-1の武尊《たける》選手は、自分がパンチをもらいまくったときに笑う。殴られているのに笑っているなんて、対戦相手からすれば狂気を感じるだろう。本人はインタビューで「試合が楽しくて、無意識に笑顔になる」と答えていたが、俺の勝手な解釈では、笑った瞬間、それまで以上に強くなるような気がしている。俺も倒すべき壁が高いほど燃えるから、相手の強さにワクワクしているのかもしれない。

嫌なことがあったときや失敗してしまったとき、落ち込む人がほとんどだろう。それが〝普通〟の感覚を持ち合わせているということなのだと思う。

ところが、失敗したときに「失敗しちゃった、ははは」とネタにできる人は、本当にメンタルが仕上がっているなと感じる。失敗して10人中9人が悔やんでいるのに、一人だけニヤッと笑っていたら、「この人、大丈夫かな」と思ってしまう。

だが、俺はそういう人間の方が成功する確率が高いと思っている。なぜなら、**〝普通〟ではない**からだ。失敗するということは自分の能力が足りないということ。したがって、能力が足りていないうちはまた失敗する。そこで「もう1回挑戦できる!」と喜ぶことができれば、レベルがまた一つ上がる。人生を普通で満足するな。

弱いヒーローがいたっていい

どんな漫画やドラマにも必ず主人公がいる
今生きているこの世界では
これを見ている君が主人公

漫画もドラマも主人公がいないと成り立たない。それと同じように、今生きている**あなたの人生は〝あなた〟が主人公だ**。だから、自分の人生は自分で決めることができる。今日は何を食べるのか、どんな仕事に就くのか、どんな夢を持つのか……。何をするのもあなたの自由だ。

俺は「人生はゲームである」という考えを持っている。人生というストーリーを進めていく中で、仲間と一緒に過ごすことによってドラマが生まれ、苦労や挫折によって経験値を積み上げ、少しずつ思い描く主人公像になっていくのだと思う。

主人公は万能である必要はない。勇者しか主人公になれないのではなく、力が弱い魔法使いでも、もちろん主役になることができる。たとえ自分の能力が低くて主役を担う力量なんてなくても、自分なりの主役を張ればいいのだ。

自分のゲームに参加してくれる人たちと共に、いい物語を作っていくことができれば人生はハッピーだ。自分の世界では何があろうと自分が主人公。何をするにしても他の誰かに決められるべきではないし、能力で決められるべきでもない。

最強ではなく無敵になれ

周りと比べて生きてる奴はまだまだ半人前
人と同じレールを行くから周りが気になる
周りがすごかろうがすごくなかろうが関係ない
自分のレールやルールは自分で作れ
周りは気にすんな
人生の主役は誰かじゃない
何があっても自分だよ

どんな仕事でもライバルが存在する。俺の場合は飲食店を経営しているから競合はたくさんいるが、ライバルの存在をいちいち気にしてお店を経営することはあまり賢明なことではないと思う。

「あの店は人が入っているらしい」「あの店はヒマそうだ」などと、他のお店と自分のお店を比べても、何も変わらない。俺たちは俺たちのお店を一生懸命経営して、俺たちの目標を立てて戦っている。ライバルが自分たちの立てた目標を簡単に超えていったとしても、そんなことは関係ない。「自分たちがどうなりたいか」だけを見て動いていくべきだ。

俺たちは他人のために生きているわけでも、他人に勝つために生きているわけでもない。**何のために生きているのか——それは自分と自分の大切な人のためだ。**したがって、一番に考えるべきは、自分たちが良くなることなのではないだろうか。

自分よりもすごい人なんていくらでもいる。しかし、その人が主役で、自分が引き立て役の人生を歩んでいるわけではない。前述の通り、人生の主人公はいつだって自分。周りを気にせずしっかりと自分を生きよう。

言い訳よりも追求を

なんで?の法則
なんでできたのか?
なんでダメだったのか?
「なんで?」を理解すること
そしたら何でもできるよ
なんで?の鍵を解け

結果が悪かったときに、「なんでダメだったのか？」と反省するのは当たり前。

野球の試合で負けてしまったら、敗因を徹底的に分析し、チームに足りない部分を練習で補い、次は勝てるように作戦を立てる。これは誰もがやっている改善策だろう。

しかし、本来ならば**結果がよかったときこそ、どうして成し遂げることができたのかを検証するべき**だ。ピッチャーの調子がたまたまよかったのか、あの送りバントの流れを変えたのか……。勝因を検証した上で、次も勝つことができるように準備するのが勝ち続けるコツだ。

成功した鍵を解明すると、たとえ思い通りにいかないときが訪れても、その方法を思い出せばまた成功できるだろう。上手くいった理由が分かっているから、何度でも上手くいく方法を取ればいいだけだ。

経験が増えると、誰にでも独自の〝勝ちパターン〟が見えてくる。それを知ることで、人生が上手く回り始めるはず。ただし、「なんで？」と考えることを忘れると、勝ちパターンすら見えなくなってしまう。常に追求する心を持ち続けよう。

不屈不退

戦いはいつあるか分からない
武器はとにかく磨いておけ

「不《ふ》屈《くつ》不《ふ》退《たい》」という四字熟語はない。「『何にも屈せず何からも逃げない』、お前の生き方そのものの言葉だよ」と、俺が25歳の誕生日のときに先輩がプレゼントしてくれた言葉だ。先輩が作った言葉だが、今や俺の座右の銘だ。

20代のうちにやっておくべきことは、とにかく何か一つでいいから、極めること。

その分野で誰にも負けない強みを身に付け、一目置かれるようになれば、社長になろうと思ったときに、人の力を借りずにスムーズに起業することもできる。

俺の場合はとにかく人を口説く力と楽しませる力、そして不屈不退の精神だった。人を口説いて楽しませることができれば、お客様を満足させることができ、従業員をスカウトすることも、教育することもできる。俺の強みは、今やっている接客業のすべてにつながっている。

将来のためにできる苦労は、何でもやってみた方がいい。苦労の数だけ力になるから、体が動いて、心に一番柔軟性がある20代のうちに、さまざまな経験を積んでみるべきだ。「君は何が得意なの？」と聞かれたときに、自分の武器を言えないと、ただの凡人になってしまうよ。

人生どうなるか分からないけどさ
人生どうするかは自分で決められるよね

20代は必死に何かを極める時間に充てる。そして**30代になったら、視野と人脈を広げる努力をしよう**。周りの人のすごさに圧倒され、自分の無力さにくじけることもあるだろう。だが、その人たちを見て学ぶことで、さらに自分を深く知ることができる。自分を深く知ることで、精神的にも強くなれるはずだ。40代、50代にやりたいことができるようになるための準備期間だと捉えて、**今をガムシャラに突っ走れ**。

明日何が起こるのかは誰にも分からないが、先が分かっている人生なんて面白くも何ともない。先が見えないからこそ人生は楽しいものなのだ。「この先どうなるか分からないし、適当に生きればいいや」と諦めるのではなく、分からないなりに、自分がどうしたいのかを考えよう。誰かが作った人生を送るより、自分で目標を決めて成し遂げる方が、より良い人生を歩めるに違いない。

せっかくの人生なのだから、**一度口にした「やりたいこと」は必ず成し遂げろ**。自分に鞭《むち》打つために、あえて周りの人にやりたいことを宣言するのも一つの手だ。

何にせよ、俺が知る限り、自分の宣言すら守れないタイプに成功者はいない。自分の言ったことをやらないのは、この世で一番大切な自分との約束を破っているのと同じこと。有言実行できない人は大成しないのだ。

周りの人を幸せにできる人になれ

笑顔の連鎖
自分が幸せになりたいなら
まずは目の前にいる人を幸せにしろ

今の世の中の風潮としては、何事も無理をさせないようにしていると思う。
だが、俺からしたら「何言ってんだ？」という感じ。**やりたいことがあるなら、無理してでもやるべき**だ。俺は、人生において、やりたいことは絶対にやり遂げる。食べたいものを食べずに終わる人生なんてごめんだ。

これまでの人生で、やりたいことはほぼやり尽くした気がしている。自分の欲望のままに人生を謳歌《おうか》してきたから満足しているが、人は欲が無くなるとどんどん老けていってしまう。だから、何かやりたいことを見つけなくては……。そこで、周りの人の欲を満たすことを、自分の欲にしようと今考えている。

嫁と娘のやりたいことを叶えてあげる。それから従業員たちがどうなりたいかを聞いて、それを応援してやらせてあげる。すべてを叶えるためには、もっとお金を作らなくてはいけないし、もっと知識を付けなければならないと思って今は動いている。

俺は、俺の周りにいる人を幸せにするために生きている。家族や従業員の幸せは俺の幸せでもあるのだ。

おわりに

「やりたいこと」は見つかっただろうか？

やりたいことは大層なものでなくてもいい。「あれが食べたい」「あそこに行きたい」といった些細なものでも、立派なやりたいことだ。

そういったやりたいことを叶えた小さな成功体験の積み重ねが、夢を見つける手がかりになるかもしれない。「やりたいこと」が見つかったら、夢や目標に向けて、あらゆることをガムシャラに追求し続けてほしい。

俺は今、夢がある。

その夢とは、一緒に働いてる仲間達がやりたいことを見つけ、いつか独立するその日までしっかり育て、世にたくさんの社長を輩出することだ。

これ以上の幸せはない。

何歳からでも挑戦できる。ただ、挑戦するなら1秒でも早い方がいい。

挑戦という経験値を蓄え、どんどんステップアップしていってほしい。あなたなら、絶対にできる。

最後まで読んでくれたあなたと、あなたの周りにいるすべての人の夢が叶うことを心から願っている。

2023年3月　野元勝徳

読者のみんなへ

最後まで読んでくれてありがとう。

株式会社勝興業では、こんな人を募集しています。

- 社長になりたい
- 人脈を増やしたい
- SNS をバズらせたい
- 俺の会社で働いてみたい
- 飲食店、エステサロンの開業を考えている
- フランチャイズ加盟店をやりたい
- 店舗や会社の経営をコンサルティングしてほしい

…… and more!

俺が手掛ける仕事はHP（https://katsukogyou.jp）に掲載中。
興味のある人はInstagramのDMにメッセージしてください！
どしどしご連絡お待ちしています！

俺のInstagramはこちらから

野元勝徳（のもと・かつのり）

俺が勝社長／株式会社勝興業 最高経営責任者

1982年12月28日生まれ。埼玉県さいたま市浦和区出身。高校を2日で退学後、職人・芸能・水商売などの仕事を経験。「自分が指示を出す側になるには、独立するしかない」と、20代で起業。現在は、東京都・埼玉県を中心に、飲食店や美容エステサロンを運営しながら、フランチャイズ事業のコンサルティングを行っている。自身の人生観や経験を言葉にした「#勝の戯言」をSNSで毎日発信中。趣味はよさこい。

■ HP　https://katsukogyou.jp

■ Instagram　@katsu__1228

出版協力／株式会社エム・オー・オフィス　岡部昌洋
編集協力／和泉涼子
ブックデザイン／木村勉
DTP ／横内俊彦
校正／髙橋宏昌

勝の流儀

強く正直に生きるための99の教え

2023年 3 月22日　初版発行

著　者　野元勝徳
発行者　野村直克
発行所　総合法令出版株式会社
〒103-0001 東京都中央区日本橋小伝馬町 15-18
EDGE 小伝馬町ビル 9 階
電話　03-5623-5121
印刷・製本　中央精版印刷株式会社

ISBN 978-4-86280-892-9
総合法令出版ホームページ　http://www.horei.com/